発達障害の子どもに伝わることば

川﨑聡大

SB新書
668

はじめに

発達障害の子どもとのコミュニケーションを考える

最初に、自分の立ち位置について少し触れておきたいと思います。

いまは大学教授として、特別支援教育の教員免許取得を目指す大学生に発達障害や知的障害に関連する心理や生理・病理を教えていますが、自分が大学を卒業したときには「研究者になる！」という考えも予想もまったくありませんでした。

療育センターや病院での専門士としての勤務が長い、現場の人間です。たまたまこれまでの職場が「自分のやってきたことについて（学会や研究会などで）多くの方から意見をもらいなさい」という職場環境だったこともあり、実践と研究による検証を心がけてきました。

いずれの職場でも、ことばやコミュニケーションの支援において「生活する場」を大事にすべきだということ、あくまで生活を豊かにするために専門的な介入があることを忘れてはいけない、という大事な教えをいただき、専門職支援者は白衣を着て個室にかしこまっていてはいけない。その思いで常に保育園や小学校の活動や授業に出向いて実際にその子の生活に触れて、「どうすればその子の目の前の生活がいまより少し楽しくなるか」を現場で考えてきました。

療育に携わっていたときは知的障害や自閉症スペクトラム障害（ASD）、肢体《したい》不自由の子どもたちを担当し、病院勤務では限局性《げんきょくせい》学習症や大人の言語・コミュニケーション障害（中途障害も含む）も担当していました。0歳の赤ちゃんから100歳近いおじいちゃんおばあちゃんまで幅広くことばとコミュニケーションの支援を担当してきました。

研究職に籍を移した後も保育園や小学校の現場に直接出向き、支援者や保護者の方と一緒に子どものしあわせに直結する発達支援のあり方を検討してきました。

子ども一人ひとりの経験から得られた事実と、その「経験」が拡大解釈されて独り歩きしないために必要な科学的な検証、両者のバランスを大事にしつつ、ことばとコミュニケーションの発達の観点から、読んでくださる方の発達障害の理解が広がることを願って本書を執筆しています。

コミュニケーションって何？

発達障害の人はコミュニケーションがとりづらいのか、（もしそうだとすると）それはいったい誰の問題なのか。

本書は**ことばとコミュニケーション（の発達）を深掘りし、その観点から発達障害の特性がある子どもたちへの理解を一歩進める**ことを目的としています。また、そうした理解を深めるだけでなく、「伝わることば」「なぜか伝わらないことば」とその背景を俯瞰《ふかん》して考えることができるようになるための一助に、この本がなればと願っています。

「コミュニケーション」をインターネットで検索すると「社会生活を営む人間が互いに意思や感情、思考を伝達し合うこと。言語・文字・身振りなどを媒介として行われる。」（デジタル大辞泉）といった結果が返ってきます。

つまり、コミュニケーションは相互交渉（相手あってのもの）であって、仮にやりとりがうまくいかない状況があれば、伝える側、受け取る側、コミュニケーションの場面（環境）すべてに改善の余地があるわけです。

コミュニケーションはすべての人にとって楽しいものでないといけないですし、そのとり方や様式は人によって多様であるべきです。ただ、コミュニケーションに求めるものはその人その人によって異なりますし、こちらが押し付けるものではありません。距離感の近い人もいれば遠い人もいるし、積極的にことばでのやりとりを好む人もいればその逆も。この問題は万人共通で、発達障害だから特別ということではありません。

コミュニケーションは教えるもの？

以前、とある支援学校での自閉症スペクトラム障害への生徒に対する取り組みについて、お話をうかがう機会がありました。生徒たちの将来的な校外での実習に備えて、仕事で実施した内容を上司に報告するスキルを身につけるために、作業学習場面で実施内容を先生に報告するというコミュニケーション行動を取り入れたそうです。

その支援学校の先生は、「すごいね！　がんばったね！」と言語賞賛をガンガン取り入れて（ちょっとしつこいくらいに）生徒にフィードバックしていました。そうした方が生徒たちが喜んで報告してくれて、行動の定着につながると考えたわけですね。

結果、実際何人かの生徒は目論見《もくろみ》通りとなりましたが、何人かは真逆の結果となりました。

この真逆の結果を示した生徒に対してこの先生が素敵だったのは、「こいつは報告できないやつ！」とレッテルを貼るようなことはせずに、「もしかして、私の考え（絵に描いたように褒めた方が本人が喜んで報告する）が当てはまらなかったのかな？」と考えて、「すごいね！」とあからさまに褒めるのをやめて、「わかったよ」とあっさりかつ淡々と報告を受け取り、その後のレクリエーションにするっと移動させるようにしたことです。

すると、その数人の子どもたちはさらっと報告することができるようになったそうです。

誰しも密な関わりが好きなわけではなく、暑苦しいのは嫌いという人も（むしろ）多いわけで、このあたりの好みは障害の有無と関係ないですよね。コミュニケーションは問答無用に人に合わせるものでも相手を自分に合わせさせるものでもなく、その状況や落としどころを考えて、一緒にすり合わせるものだし、そのプロセスをいかに一緒に納得して構築するかが大事なんです。

「発達障害は○○だから」が独り歩きすると、コミュニケーションの本質を崩しかねません。特性に関係なく、嫌なものは嫌だし、好きなものは好き。診断名にばかりこだわらず、その子ども本人と向き合うことが大事です。

コミュニケーションは誰のため？

もう少しコミュニケーションの根幹について皆さんと一緒に考えていきたいと思います。

仮に次のようなシチュエーションに置かれた場合、あなたならどうしますか？

【設定】

あなたはとある放課後等デイサービス（障害のある小中高生が通う福祉施設）に勤務しています。そこで無発語で肢体不自由の生徒（15歳）を担当することになりました。

前提として、その生徒がこちらの言っていることをどれくらい理解できているかわかりません。ただ、接しているうちに「どうも結構わかっていることがあるぞ」「おしゃべりは難しいがスイッチを押すことはできそうだ」とわかってきました。そこで、あなたはVOCA（携帯用会話補助装置）を使って、その生徒がボタンを押して発信できるメッセージを5つ選択することになりました。

さて、あなたなら5つのメッセージに何を選択しますか？　メッセージはこちらが自由に選ぶことができます。「おなかすいたよ！」や「遊びに行こうぜ！」といった要求でも、「はい」「いいえ」といった単語でも何でも構いません。

もちろん、詳しい状況や場面によって答えは変わりますし、そもそも「正解」があるものではないと思います。

ともかく、ある若手は「おなかがすいた」「トイレに行きたい」といったものを選んだそうですが、それを上司に見せたときに「**このコミュニケーションは（本人にとって）楽しいか？**」と言われたそうです。続いて、「**これは本人がとりたいコミュニ**

ケーションなのかな？　それとも（本人が言ってくれたら）こちらが楽になるコミュニケーションかな？」とも。

いやはや、その通りですよね。もちろん状況によってはこの若手の選択が正しい場合もあります。けれども、この生徒の年齢や状況を鑑《かんが》みれば、この上司の指摘は適切です。この場合、生徒のいろんな要求が伝わりやすいと助かるのは本人以上に（介助を行う）こちら側であることは明白です。用を足したいといった要求は、いままでも表情や状況から読み取って対応できていたはずです。わざわざ音声出力する必要があるのか、考えるべきですよね。

さらに、これがこの生徒の初めての音声言語を介したコミュニケーションであることの考慮《こうりょ》も必要ですよね。「楽しい！」「役に立つ！」がコミュニケーション意欲を高めることになるわけですから、「トイレに行きたい」をその貴重な選択肢に使っていいのでしょうか。上司の指摘を受けて、この若手はがっつり反省することになります。

実はこの若手とは私のこと。私の忘れられない失敗の1つです。

発達障害の子どもへのコミュニケーション支援では、支援側が「誰のためのコミュニケーションか」を見誤り、支援側にとってメリットのある反応を成立させることに注目が行きがち（我々のわかる反応を対象に強《し》いる）です。これはそもそもコミュニケーションの本質に反することです。

コミュニケーションはできる限りお互いに楽しいものであり、意味のあるものであり、よりリーズナブル（状況に応じて本人に無理なく簡便）なものであるべきですし、そうでないと続きませんよね。

自分の常識は、ときに相手にとっての非常識

「発達障害のある人とともに上手に生きていくために必要なこと（心がけておくべきこと）は？」と質問を受けることがあります。難しい質問です。あくまで1つの意見ですが「**自分の常識は必ずしも相手にとっての常識とならない**こと、ときに非常識である場合もあることを意識しておくこと」と答えています。

ＶＯＣＡの話を紹介したついでに、ほかにも自分の失敗談を話しておきたいと思います。仕事をし始めたころの話です。

ＡＳＤの子どもたちをつれてお散歩に出かけて帰ってきました。きちんと整列して交通ルールを守って帰ってきた子どもを私は褒めようと思い、「上手にできたね！」と声かけしつつ頭をなでました。案《あん》の定《じょう》その子は「イー」と声を上げながら自分の頭をバンバンと叩《たた》きました。いわゆるＡＳＤ特有の感覚過敏（触覚過敏）の問題があったわけです。

これは私の言い訳のできない完全な「やらかし」でした。当然しっかりと指導を受けることになります。ただ、「専門職支援者でありながら自閉症スペクトラム障害の感覚過敏を見逃すなんてとんでもない」と指導を受けたわけではないのです。先輩とのやりとりを少し。

先輩「どうして頭をなでたんですか？　頭をなでるという行為が褒める行為だと考えたわけですね」

私「はい……そうです」（そう思ってるからしたのに何で聞くねん！　と若い私はむくれています）

先輩「（感覚過敏云々《うんぬん》の前に）君は頭をなでるという行為が『褒める』という意味だとしているよね。相手も同じ理解にあると思って確認もせずに行為に及んだことが専門職支援者として大いに問題なんだよ。自分にとっての常識は相手にとっても常識である保証はどこにもない（と考えて行動すべき）」

私「…………」

つまり、褒めようとする意図はともかく、もしそのときの私に「自分と相手は同じ理解に立っていないかもしれない（自分の常識が必ずしも相手の常識と合致するわけではない）」という意識がほんの少しでもあったなら、褒めるために頭をなでようとしたときの相手の反応（ちょっとした本人の表情の変化や距離感：いわゆる非言語のコミュニケーション情報）を見逃すことはなく、別のやり方に寸前で変えることができたかもしれないということです。

発達障害の特性がある人と楽しくコミュニケーションをとるうえで、発達障害のことを知識として頭に入れておくことはもちろん重要です（この場面ではASDの感覚過敏について）。ただ、こういった知識も「自分の常識が必ずしも相手の常識と合致するわけではない。ときに非常識になることだってある」という意識がなければまったく意味をなさなくなってしまいます。

若いころのこの手の手痛い失敗が多くの示唆《しさ》を私に与えてくれました。これは発達障害に限らない、コミュニケーションにおける重要な観点だと思います。ぜひ頭の片隅にとどめておいていただけると幸いです。

時代を飛び越えたルール無用の異種格闘技戦

ところで、常識は、人によっても違えば、時代によっても違いますよね。

いまでは皆さんが当たり前のように耳にする「発達障害」ということばですが、その歴史はそう古いものではありません。教育現場においていまのような形で「発達障害」ということばが取り上げられるようになったのは２０００年を越えてからですし、いわゆる「大人の発達障害」に関しては診断が可能になってからまだ10年しか経《た》っていません。

さらにややこしいのは、「同じことばが同じ対象を指すとは限らない」ことです。20年前の自閉症スペクトラム障害といまの自閉症スペクトラム障害は、その意味合いが大きく異なりますし、限局性学習症にいたっては十数年前といまではまったくの別物になっています。

つまり、その人その人がイメージする「発達障害」はその人が生きてきた時代の「発達障害のイメージ」で、まさに時代を越えた異種格闘技のような状況を呈《てい》していると言っても過言ではありません。

例えば現在のディスレクシアは十数年前の学習障害の範疇《はんちゅう》には大部分が入っていませんでした。当時いまのディスレクシアに該当する子どもたちは周囲の大人から「やる気がないから勉強ができない」と判断されていたのは教育業界のいわば「暗黙の了解」と言っても過言ではありません。

あるいは、ＡＳＤの原因を母親の育児に求める「母原病《ぼげんびょう》」がとっくの昔に科学的に否定されたあとでも、保護者の育て方や本人の努力の問題だと誤解され続けた歴史も、認識のアップデートができなかった結果生じたものと言えます。

つまり発達障害の領域では「昔の常識はいまの非常識」といったことが数多く存在するわけです。いま、**インクルーシブ社会の実現や多様性の尊重を言う前に我々にまず求められるもの（必要なこと）は、「自分のいままで培ってきた常識をいったん捨てること」**だと思います。

発達障害の誤解と偏見を減らすために

発達障害の子どもを持つ保護者や家族、周囲の人は、少しでも情報を得ようとしています。アップデートの追い付いていない一部の教育関係者や専門家または有識者が、あくまで自分の中の「常識」だけに基づいて発信をすることで、混乱はより大きくなっています。

さらに悪いことに、一部の専門家は自分の持つ常識と現状の世間の常識にずれを感じたとき、新たな障害や造語を持ち込んでそのずれを埋めようとする傾向にあります（一部のマスコミはインパクト重視でそれを拡散する）。これが新たな誤解や偏見の火種になります。こういった造語はＳＮＳ上で他人を揶揄《やゆ》することばとして用いられる傾向にあり、絶対に避けるべきだと思います。

本書は発達障害のさまざまな属性について、またその対処方法について、ことばの発達やコミュニケーションの発達の観点から説明することを目的としています。ことばやコミュニケーションという切り口こそありますが、発達障害全般の誤解や偏見を少しでも減らしたい思いで書いています。ただ私自身、自分の言っていることが絶対正しいと思っているわけではありません。その点はご理解ください。

この本を執筆するにあたり以下のことを心がけました。

○できる限り間違いの少ない情報をわかりやすいことばで伝えること。
○読んでくださった方がいままで背負ってきた常識をいったん忘れて発達障害の特性を見直すことができるようにすること。
○「コミュニケーションとその発達」の視点からさまざまな発達障害の特性について説明を加えること。

○誰もが注目しがちな「ことばの発達」を通じてそこに注目することの利点と課題を示すこと。

発達障害特性の有無にかかわらず、多様な人たちが楽しくコミュニケーションを成立させるきっかけになればと願っています。

目次

第3章 自閉症スペクトラム障害（ASD）のことばとコミュニケーション

第4章 注意欠如・多動性障害（ADHD）のことばとコミュニケーション

第5章 発達障害の子どもに伝わることば・コミュニケーション

寄稿コラム

第1章

発達障害理解の大前提

使う人や世代によって内容が異なる「発達障害」

第1章では、まず発達障害とは何かについて、間違いが少ない理解を皆さんと一緒に確認していきたいと思います。

そもそも、発達障害ということば自体は、1950年代以降存在しているものの、現時点での発達障害とはことばの意味・内容が大きく異なっていました。

発達障害の代表格とも言える自閉症スペクトラム障害（ASD）がいわゆる発達障害の枠組みに取り入れられたのは1980年以降ですし、注意欠如・多動性障害（ADHD）が行為障害から切り離されたのもこの10年のことです。また、限局性学習症（SLD：いわゆる学習障害）が現在の形の発達障害として認知されるようになって十数年しか経っていません（いきなりいくつかの障害の名前が出てきましたが、発達障害の各種の解説は後ほど順番にしていくのでご安心ください）。

言い換えれば、教員を含めて専門家でも、「現在の発達障害の形」を間違いが少ない形で勉強してきた者はこの5年から10年に限られるわけです。特に2013年以降の発達障害に関する定義や研究全般のあり方の変化は非常に激しく、パラダイムシフトを起こしていると言っても過言ではありません。

ですから、昨今、発達障害というワードを耳にする、また目にする機会が増えたと思いますが、それぞれの使う人の意図や背景、その人の育った時代によって同じ「発達障害」というワードであっても指すものはまちまちであることに注意が必要です。

さらに、ことばのイメージはその人の経験から切り離すことが困難で、その人の語る（その人の視点の）「発達障害」がほかの人の「発達障害」に合致する保証はありません。つまり発達障害を代表するように見える「大きい声」であっても、たとえそれが当事者の意見であっても、それが「すべての発達障害を代表している」という保証はないのです。「群盲象《ぐんもうぞう》を評《ひょう》す」状態になりやすいわけです。

また、ＡＳＤやＡＤＨＤや限局性学習症だけが発達障害ではないことにも留意が必要です。本書では特に言語とコミュニケーションに論点を絞《しぼ》りますが、言語障害や発達性吃音《きつおん》なども広い分類では発達障害の1つになるんです。簡単に「発達障害とは○○だ！」とは、知れば知るほど言えなくなりますね。

同じ発達障害であっても、その人の環境や歴史、遺伝的素因も異なるのでひとりとして同じ人はいません。つまりすべての発達障害に共通する「ライフハック」や「ハウツー」なんてものは存在しません。

現在、「発達障害ブームの光と影」とでも言うべき状況です。前提条件の理解が形成されていない中で、個々人のさまざまな「思惑」が付加された無責任な発信が大きな影の部分だと言っていいでしょう。SDGsやニューロダイバーシティ、インクルーシブ社会といった社会の耳目《じもく》を集める「キラキラワード」を織り交ぜて恣意《しい》的な発信を繰り返すと、大きな誤解を生む危険が生じます。

本書における解説も「これが(未来永劫《えいごう》)絶対正しい」わけではなく、「現時点でできる限り間違いの少ない内容を心がける」方針を貫きたいと思います。内容はあくまで執筆時点(2024年5月)での筆者の調べによるものにすぎません。

「障害の医学モデル」と「障害の社会モデル」

発達障害……。そもそも「障害」って何でしょうか。障害がある状態とは?

何か「病気」や「疾患」と呼ばれる状態を持っていることでしょうか。ざっくり言うとこの意見は「障害の医学モデル」という視点に立ったものとなります。医学的観点からの診断をもって障害とする意見です。

では反対に、「障害がない状態」とは、どのような状態でしょうか。このような質問を講演などで私がすると、多くの方から「その日その日の生活が特に何の支障もなく過ごすことができている状態ですか？」と返ってきます。この回答は「障害の社会モデル」という視点に立ったものとなります。この視点から考えると、障害は、個人の病気や疾患ではなく社会が生み出しているというわけです。

どちらのモデルが正しいのでしょうか。

あくまで視点の違いであり、どちらか一方が「正解である」「間違っている」といったものではありません。前者は個人の要因、後者はその人が生活する社会を念頭においているわけです。

昨今では「生活に支障が出て、生きづらさを感じている状態」に注目して、その人を取り巻く環境と、特性の双方から工夫し生きづらさを解消していこう、という考えが主流となっています。これを専門的には、医学社会統合モデルといいます。

とはいえいまでも、その人が持つ障害特性をもって障害とするか、社会生活を送るうえで一定の不具合が生じる（実感した）社会的障壁をもって障害とするか、話す人によって考え方はまちまちです。このあたりにも、発達障害ということばのややこしさ、同じ「発達障害」ということばを使っているのに起こるボタンの掛け違いがあります。

知的障害と発達障害の違いは？

発達障害とよく混同されることばに、知的障害（知的発達症）があります。

ＡＳＤやＡＤＨＤなどの発達障害と、知的障害は、実は大本をたどっていくと同じグループに入ります。ただ、基本的に見ているベクトルが違っていると思ってください。

知的障害は標準化された知能検査によって算出された「知能指数（ＩＱ）」が低下し、それがもとで日常生活に何らかの支障をきたしている状態に対して診断されるものです。

知能指数に影響する要因は多岐にわたりますが、原因を特定して診断するものではありません。発達障害特性が知能検査で測定されるようなスキルの獲得を阻害することもあり得ます。つまり知的障害とそれ以外の発達障害は併存することも充分あり得るわけです。

一方でＡＳＤやＡＤＨＤ、限局性学習症（ＳＬＤ）といった「いわゆる発達障害」は、特徴的な行動特性があり、それがもとで日常生活に支障をきたしている状態に対して診断されるものです。

つまり、後者の場合、知能指数（ＩＱ）は考慮の対象外となります。実際、ＡＳＤでの知的障害の合併率は3分の1から2分の1強といった報告がなされています。もちろん、これらはどこまでをＡＳＤとするかによって大きく変わります（時代によって知的障害の合併率も大きく変わりました）。

昨今、「発達障害はこういう特徴があるよね」と耳当たりよく発信する例が数多く見受けられますが、知的障害を合併していない限定的な事象を「発達障害のすべて」

と過度に単純化したものが圧倒的に多いように思われます。この手の過度に単純化した耳当たりのよい発信は多くの人に誤解を与えかねませんし、最も危惧されるのが発達障害の特性がある子どもの保護者の方に誤解と不安を与える可能性です。

子どもの全体像は発達障害の特性だけでも、知能指数だけでも決まるものではない。

この点を肝に銘じておいてください。

発達障害にもいろいろ

もう1つ、世間で誤解が多い点についてお話をしておきます。

発達障害はASDやADHD、限局性学習症に限ったものではありません。医学診断名だけでも発達性協調運動障害や、発話の障害である「語音症」（いわゆる機能性構音障害）や発話の流暢《りゅうちょう》性の障害である「発達性吃音」も同じグループになります。

ほかにもありますが「発達障害」のグループは極めて幅広いものです。

「発達障害とは」とざっくりと特定の傾向を語るのは、「日本人とは」よりもさらに広く「アジアの人とは」くらいの規模感で話をしてしまっているのと同じだと思います。もちろん共通するところもありますが、異なる点も多いですし、環境が変わればその子どもの抱える困難さの見え方もまた変わります。同じ部分と違う部分とを押さえるバランス感覚が大事です。

「発達障害民」ということばの危険

発達障害にもいろいろ、それなのに……昨今のＳＮＳでは「発達障害民」なることばが出てきます。発達障害と診断された（あるいは自称する）ユーザーが、自虐の意味も含めて「発達障害民はこうだよね」と主語を大きくして語っているようです。「いいね」の数が少なくない投稿も多いようです。この発達障害民ということば、私は正直好きではありません。

発達障害の診断は基本行動特徴に基づきます。どういうことかというと、「視線が合いにくい」「じっとしていられない」といった発達障害の特性によって起こっているとされる（いくつかある）特定の行動が一定期間（およそ6か月）以上持続している事実があり、その状況を医師が確認して診断に至るわけです。ただ、これらの行動は必ずしも発達障害の特性から起きるわけでもない（それ以外の理由で起きる場合も少なくない）ことに留意する必要があります。

つまり、ある程度共通する行動特徴を抽出《ちゅうしゅつ》することができるだけです。いくつか共通する行動があるからこの人たちは全部同じであると、十把一絡《じっぱひとから》げにして、さらに「それ以外の人」（発達障害特性のない人）も1つにまとめてその対比で語るのは暴論です。白か黒かの二元論は一見わかりやすいですし、周囲の注目を集めることはできますが、対立構造を生むだけに社会の溝と誤解をより大きくしかねません。

発達障害の原因について

発達障害の原因については、いままでさまざまな議論がされてきました。「何らかの脳の機能障害がある」といったイメージをお持ちの方も多いのではないでしょうか。

発達障害は脳の「障害」と表現するよりも、「発達初期の脳神経系の発達の順序やネットワークの『特異性（非定型性）』であり、その特異性が、その人の生活する社会や文化で（その人が生活するうえで）多大な苦痛や困難さを結果として生じさせる」、といった説明が現時点では適切です。ある程度脳内のネットワークが完成した成人期以降の脳の障害とは異なります。

自閉症スペクトラム障害では、症状があるかないかではなく（特性がある中で）濃いか薄いかのグラデーションと説明されますが、自閉症スペクトラム障害に限らず、**発達障害特性すべてが「スペクトラム（連続体）」**であり、それぞれの特性によってどの程度生活に困難さが生じるかはその発達特性のグラデーションの濃さとその人の「生活する空間」によると考えられます。

「うちの子ども、こんな行動特徴あるんだよね……」と保護者の方が近しい方にまず相談すると、時折何も考えずに「心配しすぎだよ！　うちの子どもも（あるいは「私の子どものときも」）そんな感じだった」とこちらの心配もどこ吹く風で切り返された、といったことをよく耳にします。

これは発達障害特性の多様性やグラデーション（強弱）を考慮していない返答です。個別の内容を確認せずに心配ない、と断じるのは、オレンジの匂いを付けたミネラルウォーターとオレンジジュースを「同じ」と言っているようなものだったりします。

では、もととなる脳神経系のネットワークや発達の特異性がなぜ起きるのか。結論から言うと、よくわかっていません。

脳神経系の発達には環境要因も重要で影響を及ぼします。分子生物学の研究（いわゆるゲノム研究）も進んでいますが、複雑なネットワークを構成する脳神経系の実態は特定の遺伝子「だけ」で説明できるものでもありません。そもそも遺伝と環境の関係は簡単な二元論で話すことができません。「テレビやスマホ、タブレットの使いすぎで発達障害が起きる」といった短絡的な都市伝説は早くなくなってほしいと願ってやみません。

テレビ、スマホ、ゲームで発達障害になる？

テレビやスマホといった特定の刺激が発達障害を引き起こすエビデンスはありません。発達障害の特性とデジタルメディアの相性やハマりやすさは別の話です。

以前、とある医学系学会が、過剰なテレビの視聴がＡＳＤを引き起こすといった趣旨の声明を出して大混乱になったことがありました。その声明はすぐに取り消されたのですが、ちょうどそのころ私のところにひとりの保護者の方がやってきて、涙を流しながら次のことを語ってくださいました。

その方は、この都市伝説に基づいた診療を受けたあと、1年間子どもにテレビをまったく見せなかったそうです。テレビだけでなく、できる限りデジタル系のおもちゃからも遠ざけたそうでした。そして1年後の診察で「1年間テレビを見せなくて症状が一切軽くなっていないのは、あなたの子育てがよろしくないとしか言いようがない」といった趣旨の発言を受けたそうです。本当に不幸な話です。

確かに発達障害特性のある子どものメディアスクリーンの視聴時間（テレビだけでなくスマホやパソコンなどの視聴時間をすべて合わせたもの）は、典型発達の子どもに比べて長い傾向にありますが、それがＡＳＤをはじめ発達障害を引き起こしたというエビデンスは現時点でありません。

教育や子育ての世界において、いつの時代も新しいものは「悪」とされます。漫画しかりテレビしかりアニメしかりゲームしかりスマホしかり……。

端的に申し上げると、「上手な付き合い方」を学習すればいいだけです。とりあえず禁止する、といったやり方だと子どもはそこで新しいルールを学習することもできませんし、同年代の子どもたちとのコミュニケーションのネタがどんどん枯渇していきます。おそらく親とのコミュニケーションも希薄になっていくでしょう。自分の趣味や興味を頭ごなしに否定する大人と子どもたちが話をしたいと思いますか？

つまり、大人が新しいものを受け入れないことによって出てくる弊害の方がおそらく大きいと思います。もちろんこれは、戦略もなく好きなことを好きなだけやらせること（いわゆる野放し）を推奨しているわけではありません。

ゲームについては、ＡＤＨＤの子どもがハマりやすく抜けにくいという特徴はあるかもしれません。ただしこれはゲームに限った話ではありません。ＡＤＨＤの特性として、手を伸ばしやすいご褒美（的なもの）にハマりやすくて抜けにくい、という報告はあっても、ゲーム自体が障害を引き起こす（発達障害特性のもととなる）という話ではありません。

勉強でも、ゲームでも、頭が疲れます。ゲームをしたあと、ほかの活動に注意を持続することが難しい様子を周りの大人が見てゲームが悪さをしていると判断している可能性はあります。しかし、「ゲームが発達障害の原因」というのは因果関係がおかしい言い方です。

とある教育委員会の研究は、「スマートフォンの長時間使用が子どもたちの学力に悪影響を及ぼす可能性」を示唆しました。簡単に内容を要約すると、スマートフォンを一日3時間以上使用する子どもたちは（そうでない子と）同じ勉強時間であっても成績が低下する傾向にある、とのことです。

調査結果はスマートフォンの使用（という環境要因の1つ）が子どもたちの学習や認知発達に与える影響を検証したのであって、調査を実施した先生もスマートフォンの使用が学習や認知に影響を及ぼすことを示唆しているものの、「直接的に発達障害を引き起こす」とは述べていません。こういったデータが曲解されて独り歩きした結果、デジタルメディアを悪と考える風潮が広まっているのではないでしょうか。

デジタルメディアは子どものことばを壊すの？

デジタルメディアが悪とされがちなのは、子ども（や親）がそれにハマることで、コミュニケーションの時間を奪われたり、あるいはネットで触れた「悪いことば」を子どもが覚えてしまったり、本を読むなどの語彙を増やす活動が減ったり……といった不安が背景にあるのではないでしょうか。

端的に言うなら、「デジタルメディアがことばやコミュニケーションを壊す」という不安でしょう。

この不安は、半分合っていて、半分は合っていません。結局、デジタルメディアそのものが悪いのではなくて、課題になるのは子どもと保護者がそれにどのように関わるか、つまり関わり方に尽きると思います。

コロナ禍でおうち時間が増え、以降デジタルメディアに触れる機会は圧倒的に多くなりました。現在、徐々にメディア別の発達に与える影響に関するメタ分析（多くの研究をまとめて客観的に効果を検証したもの）の結果が出つつあります。

詳細は省きますが、一番大事なのは見るもの以上にそこにやりとりがあるか、です。絵本でもそうです。一緒に見ている他者（大人）とのやりとりが重要になります。当然、能動的に見続けて他者とインタラクションをとる「仕掛け」がないコンテンツはあまりいい結果が得られていません。つまりデジタルがいい悪いではなく、そこに一緒に楽しめる仕掛けがあるかどうかが大事なわけです。

余談になりますが、その昔、私が病院勤務でリハビリを担当していたときに、とあるトレーニングのドリルがはやり、おじいちゃんおばあちゃんがこぞって「先生！これをやったらボケなくてすむんかいの？」と持ってきたことがありました。私は、「やり方かな！　できたらひとりでしないでお孫さんと一緒にやろうか？　で、いろいろ聞きながらやるんよ。そのやりとりが大事」と返していましたね。

繰り返しますが、デジタルメディアが悪なのではなく、どんなものであってもコミュニケーションが生まれる仕掛けがあるかどうかです。

耳当たりのよい単純化されたキャッチフレーズが専門用語に置き換わる

スマホの悪影響を誇張した「スマホ脳」「スマホ認知症」といったことばは、マスコミや一般的な議論の中で便宜《べんぎ》的に使用される非科学的な用語です。最近では、充分に科学的な検証が行われていない、業界の中でコンセンサスを得られていない一部の専門家だけが用いる単純化されたキャッチフレーズが独り歩きすることが多い傾向にあります。

「ＨＳＰ」や「発達障害もどき」といったものもその1つと私は考えています。「境界知能」など本来の意味とはかけ離れた使い方をされているものもあります。

ちなみに「ＨＳＰ」は、心理学者エレイン・アーロンによって１９９０年代に提唱されました。Highly Sensitive Personの略で、「非常に敏感な人々（の状態像）」を指す概念です。

あくまで一部の専門家が状態像を説明したものであって、いわゆるパーソナリティ心理学といった領域を中心とした議論にとどまっています（その領域の中でもコンセンサスが得られているとは言い難《がた》い）。発達心理学や障害者心理学といった子どもの発達とそのつまずきに密接に関連する領域で議論されていることではありません。

そもそも、目の前の困った状況に新たな名前を付けたところで実質的な解決には至りません。自己理解促進の一面はあるものの、それを喧伝《けんでん》しても弊害しか残りません。充分に検討されていない耳当たりだけがいいことばが独り歩きすると誤解や偏見を与えかねませんし、本質的な問題のすり替えになってしまうこともあります。

こういったいわば「造語の独り歩き現象」は社会が変革すべき時期によく見られる現象で、その時代に人々が感じる不安や懸念が生み出す亡霊のようなものでもあると思います。あくまで私見ですが、ラベリングを優先する人（「私はＡＳＤでＨＳＰで……」）やさまざまなことを特定の原因に帰結させたがる人の発言は特に、鵜呑《うの》みにせずしっかりと検証する必要があります。

診断は決して簡単なものではなく慎重さが要求されるものである。心ある医療関係者は通常そう思って仕事をしています。

発達障害は親のしつけや育て方の問題？

デジタルメディアと同様に、発達障害の原因を親に求めるのも、「はじめに」でも少し触れた通り間違っています。

仮に発達障害が親のしつけや育て方の問題で生じているのであれば、社会状況や教育のあり方が変わると発達障害の診断率が増えるだけでなく減ることもあるはずですよね。実際は、ここ100年の間に右肩上がりで増える一方です。

親の関わりや育て方はあくまで環境の一部です。もちろん、養育者の精神衛生がよろしくないと子どもに与える影響もよろしくないですが……。

人生の節目、例えば高校生あるいは大学生、社会人になって特性が顕在《けんざい》化することがあるのは、その人が身を置く集団で求められる能力が以前のものと変わるためであり、つまり学校や職場というのも環境の1つであるわけです。

よく「小学校では何も問題がなかったのに」「中学校では何も問題がなかったのに」「高校では何も問題がなかったのに」「大学では何も問題がなかったのに」というエピ

ソードを聞きます。これは「いままで問題がなかったから発達障害ではない」という考え方によるものですが、実は適切ではありません。

発達障害特性は持って生まれたものがきっかけとなっているので、小さいころからその影響は出やすいと想定されています。ただ、特性は不自由さ（障壁）を感じてはじめて本人や周りの大人に自覚されるものです。その人を取り巻く環境が変われば、そこではじめて自覚することは決して珍しいことではありません。

特に中学進学での人間関係の変化や教科担任制への移行、自由度が上がる大学生活への移行、社会人になった段階での人との距離感やことば遣いの変化、毎日定時に出勤する必要があるといった生活習慣の急激な変化などの環境変化が特性を自覚する（障壁を感じる）きっかけとなり得ます。その時点で障害として認知されるわけです。

話を家庭に戻すと、要するに、子どもを取り巻く環境は家庭だけではないということを意識しておく必要があります。そもそも、**家庭は専門療育機関とは異なり日々の生活を安心して送るための場所であり、決して療育や訓練や教育を行う場所ではありません。**

一部の人は「親が変われば子どもが変わる」「発達障害特性も親の影響が大きい」という趣旨の発言を強硬に繰り返していますが、養育者が子どもにとって最大の理解者であることが望ましいことは言うまでもありませんが、その人が持つ「障壁」のごく一部の側面を取り出して第三者が文句を言ったところで、決して根本的に解決するものではないのです。

なぜ親の責任にばかりされてきたか？

そもそもどうして発達障害が親の育て方のせいにされてきたのでしょうか。理由はおそらく2つです。

1つは、心理学者ブルーノ・ベッテルハイムが「母子の愛着不足によって自閉症が生じる」とした「冷蔵庫マザー理論」（詳しくは94ページで解説）の悪しき影響がいまだに残っていること、もう1つは、日本的教育観と第二次高度経済成長期以降の教育制度設計、親に責任や原因を求めるのは、この2つの「合わせ技」による弊害と筆者は思います。

「日本的教育観」は、全員が同じレベルを目指して教育する、といったものです。それがいつの間にか「全員が同じ方法で勉強する」、さらに転じて「人と違うやり方で勉強するのはずるい」となり「全員が同じだけ努力することが平等で美しい」と徐々に変化していきました。

第一次ベビーブーム世代が働き手となった第二次高度経済成長期以降、効率的な子育てのためには男性労働力が仕事に専念できる状況を政策的に作り出す必要がありました。全員が同じプロセスで努力することをよしとする教育課程は、当時の学校ではいわば「効率がよかった」わけです。個よりも集団が大事にされた時代と言えます。

その世代の方々にとっては、まだまだ「学校は行くのが当たり前」であり、「子どもが集団になじめないのは親のしつけが悪いから」となるわけです。

ここで一言申し上げておくと、学校は「行くのが当たり前」ではありません。安心安全な状況で子どもが勉強したいと思えるところに子どもは行くわけです。行くのが当たり前というのであれば、最低限学校が安心安全な状況であることをこちらが保証しないといけません。

発達障害は特定の栄養素と関係があるのか？

発達障害の原因についての誤解・偏見はまだまだほかにもあります。

例えば、「特定の栄養素を摂らなかったら（あるいは摂ったら）発達障害になる」という考え方は、科学的な根拠がありません。心身の発達において栄養が重要な役割を果たすことは確かですが、特定の栄養素の欠損が直接的に発達障害を引き起こすという証拠は見つかっていません。

オメガ3脂肪酸や鉄分、ビタミンB群など、特定の栄養素が認知機能や行動に影響を与える可能性があるとする研究は存在します。しかし、これらは「適切な栄養状態が健康な発達を支援する」という観点から理解すべきであり、栄養素の欠損が発達障害の直接的な原因であると解釈するのは誤りです。

栄養と発達障害に関する誤解が生じる一因として、脳と腸との関わりを言う「脳腸相関」の過剰解釈があります。確かに腸内環境と神経系の健康との間には相関関係が存在しますが、これは栄養が発達障害を直接引き起こすという次元の話ではありません。脳と腸の相互作用の理解は進んでいますが、栄養状態が発達障害の原因であるという直接的な証拠は本稿執筆時点でありません。

発達障害の原因を栄養に単純化することは、科学的根拠に欠けるだけでなく、発達障害の子どもの保護者に不当な自責の念を与える可能性があります。これは、すでに高いストレスにさらされている保護者をさらに追い込むことになり、子どもの状態を悪化させるリスクもあります。

発達障害の原因の理解には、遺伝的要因、環境的要因、およびその相互作用を考慮する「多因子遺伝モデル」が適切です。発達障害に関連する栄養療法や食事の変更が一部の症状を緩和する可能性はありますが、これらは補助的なものであり、発達障害の「治療」とは異なります。

「私の親族ではそういう人はいなかった……」的な発言の誤り

発達障害の原因として「多因子遺伝モデル」が適切だと述べました。遺伝的要因を含んだモデルです。ここにも誤解が付いて回ります。

発達障害のわが子や孫を見て「うちの家系にはそんな人はいなかったのに……」といった感慨や発言が出てくることもあるのでしょうが、これは誤った遺伝的要因の理解に基づくものですし、誤った優生学を助長しかねない危うさをはらんでいます。「多因子遺伝モデル」とは、そんな単純なものではありません。遺伝子は両親から一セットずつそのまま受け継ぐのではなく、一世代経る毎に何万回と組み換えを行います（これによって我々は多様性を維持しています）。そしてその組み換えの際にその人を最初とした特性も生じるわけです。もしそのまま両親から受け継いでいるなら、いまよりもっと我々は両親によく似ることになります。

世の中で疾病や障害とされているものの中で、遺伝的要因で単一の遺伝子が変異したことによって起こるものは稀《まれ》です。脳神経系の発現には複数の遺伝子が相加《そうか》（足し算）的、相乗（かけ算）的に関わっていることが明らかになっています。発達障害では単一の遺伝子によって障害が引き起こされているわけではなく、発達障害は遺伝性（だけ）による病気と考えるのは、間違いです。

話が広がってしまいましたね。とはいえ、「発達障害」やそれにまつわる用語がいかに曖昧に都合よく使われ、いかに誤解や偏見が広がっているかを見ることができました。

医学社会統合モデルから発達障害を考える

本書は、発達障害特性があるだけでなく、結果として社会的不利益を生じた状態をもって「発達障害の診断を必要とする状態」とする、障害の医学社会統合モデルに準じた考え方に基づきます。

特にコミュニケーションを取り扱う以上、個人要因、環境要因どちらかに偏らずに、そのどちらも一つひとつの「困り感」の背景を読み解く手がかりとしたいと思います。

コラム　合理的配慮とICT活用

島根県立大学准教授
水内豊和

文部科学省のＧＩＧＡスクール構想により一人一台の学習者用ＩＣＴ端末の児童・生徒への付与が実現したことで、教育活動にＩＣＴを用いることが増えてきました。

しかし、通常学級における、発達障害のある子に対する個人に応じた学習ツールや支援ツールとしてのＩＣＴ活用については、教員が抱くほかの児童・生徒との公平性についての考えや、教員自身のＩＣＴスキルの不足から、まだまだ使用に消極的な自治体や学校が少なくありません。

そもそも、２００６年に国連総会において採択され、日本が２０１４年に批准した「障害者の権利に関する条約」第24条では、締約国は「障害者が教育に完全かつ平等に参加し、及び地域社会の構成員として完全かつ平等に参加することを容易にするため、障害者が生活する上での技能及び社会的な発達のための技能を習得することを可能とする」こととされています。

それを受けてわが国では「障害者差別解消法」により、障害による不当な差別は禁止され、合理的配慮の提供が義務づけられています。

障害に基づく学校生活上の困難に対しては、本人からの申し出があれば合理的配慮の提供が検討されますし、例えば板書を写真で撮る、読み上げ機能を使うなど、ＩＣＴで学習を支えるということも選択肢の１つとなります。本来何のために支援機器が整備されたのかを意識し、子どもたちの生活の質（ＱＯＬ）に結びつく支援機器の活用を推進することが求められます（野尻・川﨑，２０１５）。

ところで、お子さんが適切な支援や配慮を受けながら成長していく過程では、やがて進学や就職などといった進路選択の分岐点を迎えます。

例えば大学入学共通テスト。今日、何らかの障害のある受験生が、特別措置のもとで受験することも珍しくありません。聴覚障害のある受験生が英語のリスニングテストが免除されることはその代表的な例でしょう。

発達障害者に対する特別措置は2011年1月実施のセンター試験から取り入れられました。事前に受験上の配慮申請書、診断書、高等学校までにどのような配慮を受けてきたのかがわかる状況報告書の3点の提出が必要であり、それが認められてはじめて特別措置が受けられます。

特別措置には、どのようなものがあるのでしょうか。大学入学共通テストにおける発達障害者に関する特別措置として、現在提供されているものの例を示します。

- 試験時間の延長（1・3倍）
- マークシートに代わるチェック解答
- 文字の拡大された問題冊子の配付
- 注意事項等の文書による伝達
- 別室での受験
- 試験室入り口までの付添者の同伴

さらには、2024年1月実施の共通テストで初登場した特別措置として、一部の拡大文字問題冊子ではUDフォントが使用されるようになりました。UDはユニバーサルデザインの略で、UDフォントはその名の通り、できるだけ多くの人が読みやすいようにデザインされたフォントです。

受験に際してこうした特別措置を受けてパフォーマンスを最大限発揮できるようにするためにも、普段から子どもの客観的な実態把握と、教師も保護者も子どもの視点に立って建設的な対話ができる関係づくりが望まれます。

なお、共通テストにおいてのICT活用は現時点ではまだなされていませんが、高校や大学における入学試験においては、合理的配慮としてのICT活用の事例が蓄積されつつあります。

2022年12月に文部科学省は「高等学校入学者選抜における受検上の配慮に関する参考資料」を示しています。入学者選抜の実施主体である教育委員会等が受検上の配慮を行う際の参考として、基本的な考え方や配慮の例を取りまとめたものです。

想定される受検上の配慮の例を障害種別に、障害の状態、中学校での配慮事項、当日までの流れ、当日の配慮内容、高校入学後の想定される配慮内容といった項目に沿って、計20事例が示されています。

例えば、自閉症スペクトラム障害のある生徒に対しては、「保護者が、本人が中学校で日常的に使用しているタブレット端末を受検する高校に持参し、高校で試験当日まで保管を行った」うえで、「高校で保管していたタブレット端末を使用しての回答を認めた。本人は、タブレット端末のワードパッドを使用して、指で端末の画面上に解答を書き、監督者である高等学校の教員が、その解答を解答用紙に転記する形をとった。このような回答方法のため、別室で受検をするという配慮も行った」そうです。

発達障害児に対するＩＣＴ活用は、現在とこれからを見据えた社会的適応能力の獲得を意識した系統性のある活用が図られる必要があるにもかかわらず、いまだ教師のスキルやリテラシーに左右されたり、やみくもかつ単発的に用いられたりすることも少なくありません（水内，２０２３）。

義務教育段階だけでなく、高等教育機関における学びの保障や生涯にわたるウェルビーイングという点からも、子どもの実態に応じた合理的配慮の提供と、その一手段としてのＩＣＴ活用がなされるよう、発達障害児をお持ちの保護者はこうした情報を知っておき、学校との建設的対話をする際に先行事例として提示できるようにしておかれるとよいでしょう。

参考文献

文部科学省（２０２２）「高等学校入学者選抜における受検上の配慮に関する参考資料」
水内豊和（２０２３）「教育・発達支援分野におけるＩＣＴ活用の有効性と課題―ウィズ・コロナとウェルビーイングのために―」臨床発達心理実践研究，18（1），24-29.
野尻智之・川﨑聡大（２０１５）「学校現場における支援機器の導入ならびに適切な利用と選定のための実態調査」教育情報研究，30（3），11-22.

第2章

ことばとコミュニケーションの発達

まずは典型的なことばの発達を知ろう

この章では発達障害の特性を持つ子どものことばやコミュニケーションの実態をより正確に理解するために、まず典型的なことばの発達の経過を、年齢に沿って話していきたいと思います。

特に初めての子育てでは、自分の子どものことばやコミュニケーションがうまく伸びているのかそうではないのかとても気になりますよね。

ただ、そのときに誰とあるいはどの集団と比べるのかというのも大事なポイントです。比べたい人と比べるのか、比べるべき人と比べるのか……親がついついやってしまうその比較は適切なのか。比べた方がいい発達の側面と、比べるべきではない側面、比べるのがあまり有益ではない側面（子ども一人ひとりのバランスを見ていくべきもの）とがあります。そういったことにも言及していきたいと思います。

「典型的」なマイルストーンってどの程度参考になるの？

さまざまな育児書によく「何歳になったらこれができる」といった発達のマイルストーンが示されていますよね。例えば「3歳ごろになると赤・青・黄・緑の四色の名前が理解できて言うことができる」といったものです。でも、これにしても全員が全員できるわけではないんです。

中にはある年齢を境にして一気にできるようになるものもありますが、一般的によくある発達検査や知能検査、その中で示されるいわゆる「発達課題」というものは多くが60％から70％の通過率を示しています。

つまり裏を返せば30％から40％の「未到達」の状態の子どもたちがいるわけです。もちろんその30％から40％の中には、少し手助けするとできる段階の子もいれば、箸にも棒にもかからないといった子もいます。

あくまでマイルストーンに厳密に「できる・できない」ばかりに固執するのではなく、できないにしてもどういうところでつまずいていてできないのかを見極めていくことが大事です。

発達は山あり谷あり
——年齢と発達は単純に比例するわけではない

「できる・できない」の二元論が子どもの発達を促す観点からは充分ではないことに加えて、もう1つ意識をしておくべきことがあります。

ことばの発達は年齢に比例して単純に伸びていく、わけではないということです。年齢に比例して直線的に伸びていってくれるとわかりやすいのですが、伸びる時期と停滞の時期を繰り返します。つまり**ことばの発達の傾向は階段と踊り場を繰り返す**わけです。およそ1歳でことばをしゃべり始めてから小学校に入るまでの間に、ぐっと伸びる4つの時期があります。つまりその間は一見停滞したように思えます。

ことばの発達のトンデモ理論はなぜ起きるか？

この階段と踊り場を繰り返すことが、世の中にトンデモな指導法があふれかえる原因の1つではないかと思います。

「子どもの能力を伸ばします」「子どものことばを育みます」と謳《うた》ったさまざまな指導法が世の中にはあふれかえっています。ときには「これ大丈夫なの？」と心配になるようなものもあります。どうしてこのような状況になるのか少し考えてみたいと思います。

近くで一生懸命その子に関わっていると、一歩引いてその子の発達を客観的に捉えるのは口で言うほど簡単ではありません。血のつながりのあるわが子ならなおさらです。

子どもの発達が踊り場の時期にあると養育者の不安も高まりますよね。そこで誰かにトンデモな指導法を勧められ、取り入れたとします。でもそのタイミングが実は、ぐっと伸びる直前だったかもしれません。直後に子どもの様子がぐっと伸びると「これがよかったのではないか」と誤解する。こういうことが起きているのではないでしょうか。

世の中には不安商法といってもおかしくないようなものもあり、注意が必要です。

ことばを話し始める1歳ごろまで——基礎を育てる時期

さて、いよいよことばとコミュニケーションの発達について、生まれてから順番に見ていきます。

ことばとコミュニケーションの発達には、いくつかの「鉄則」があります。まず1つ目が「わかってから話す」（理解から表出へ）です。1つの目安として、1歳になると子どもはことばを話し始めます。もちろん1歳になったところで急にことばの意味がわかって話し出すわけではありません。1歳になるまでの子どもは、自分の周りの環境（人やもの）に自ら関わっていくことで、さまざまな学習を成立させます。

このときに子どもが学ぶものは、さまざまなものの意味や使い方です（例：コップは飲み物を飲むために使うものと行動を通じて知る）。知ろうとするにはそのものに注目する必要があります。つまり、興味を持つ→使ってみる→知る（理解する）→それに「ことば」という記号を結びつける、という順序になります。

また、この時期に学習することはこのような物的な環境だけではありません。周囲の大人＝人の環境についても学習を深めていきます。「自分が何か働きかけを行うと相手が反応するんだ」、これも1つの学習です。

最初は意図的に相手を動かそうと思って何かをすることはありません。生まれてすぐの子どもは不快なときに泣き、やがて「心地よい」を覚えるといい顔をして笑います。

生後数か月の赤ちゃんが泣いている状況があるとします。そうすると「どうしたの」と大人が寄ってきますよね。そして「おなかがすいていたのね」とおっぱいを与えてくれる、あるいは「おむつが濡《ぬ》れて不快だったんだね」と子どもに語りかけつつおむつを交換してくれる。両方ともその結果、本人にとって心地よい状況が生まれるわけです。

この状況のポイントは、子ども自身には「おなかがすいたからおっぱいを飲みたい」という意図が明確に存在しているわけではないことです。つまりこの段階では、周りの大人が子どもに意図がなくてもその反応に合わせて、いろいろ働きかけてくれるわけです。こういった経験を通じて**子どもは自分の行為や行動は周囲の環境を変える（動**

かす）ことができるんだと気づき、視線や発声、さらには指さしといった非言語的なコミュニケーション手段を獲得していきます。

これらの経験がその後のその子のコミュニケーション環境を支えるうえで極めて重要であることは言うまでもありません。自閉症スペクトラム障害（ＡＳＤ）の特性がある子どもたちにとっては、その特性がこの段階のコミュニケーションに影響を及ぼすきっかけになります。

また別の鉄則は、「**自分自身が使うことのできるコミュニケーション手段に気づく**」→「**そのコミュニケーション手段を実際に使ってみて成功体験を得る**」**の順序**です。子どもとのやりとりでの大事なポイントもここに隠れていると言っても過言ではありません。つい「話しことばでのやりとり」に我々の注目がいきがちですが、話しことばの前の段階での**やりとりの成功体験があるからこそ、より簡単にやりとりをするために話しことば**（**音声記号**）**を使ってやりとりをしようという意欲が生まれる**わけです。

私が療育を担当していたころには、「うちの子をしゃべらせてください」といったご希望を聞くこともありました。

その養育者のお気持ち自体は切実で尊重されるべきだと思いますが、「話しことばで伝えること」を大切にしようとするのであれば、その前段階をしっかりと育てていく必要があることを知っておいてください。あまり子どもが**しゃべることにこちらが執着しすぎると、大人とやりとりすること自体を嫌がるようになることも決してないとは言えません。**

知的な発達に遅れがある場合では、話し始める時期は遅れます。そのため「発達の遅れ」でわが子の発達に不安を持たれる親御さんも多いのではと思います。ただ、それまでの間の遊び方や道具の扱い方の段階から違いが出てきているはずです。

ＡＳＤの特性があるお子さんの保護者の方にこの時期の子どもの様子を振り返ってもらうと、興味関心を示すものが少し変わっていた（というよりあまり周囲の物事に興味を示さなかった）、やりとりの基礎である非言語的なコミュニケーションのとり方が独特で、大人に「こんなことがあったよ、ほら見て」と訴えかけてくるような指さしや発声などの非言語的なコミュニケーションが少なかったといった話がよく聞かれます。

一方、注意欠如・多動性障害（ADHD）や限局性学習症といったほかの発達障害ではこの時期あまり大きな特徴は出てこないように思います。

話しことばの表面化と知っていることばが生活で広がる1歳台

話しことばが出始めた1歳ごろから半年ほどで、獲得されることば（知っていることば）は50語程度と言われています。歩き始めるのも1歳なので（運動の発達は大部分の子どもがこの段階で通過します）、実際に自分で手にとって操作し経験できる幅が広がっていきますし、その経験の広がりが新たなことばの獲得につながっていきます。

1歳6か月ごろには「ものには名前がある」こと（事物名称の理解→名詞の獲得）だけでなく「動作にもそれぞれ名前がある」こと（動作語の理解→動詞の獲得）へと理解が広がっていきます。「活動の広がり」が知識（知ること）や知識に基づく経験を生み、さらなる知識を蓄えていくわけです。

語彙の伸び（小学校入学まで）

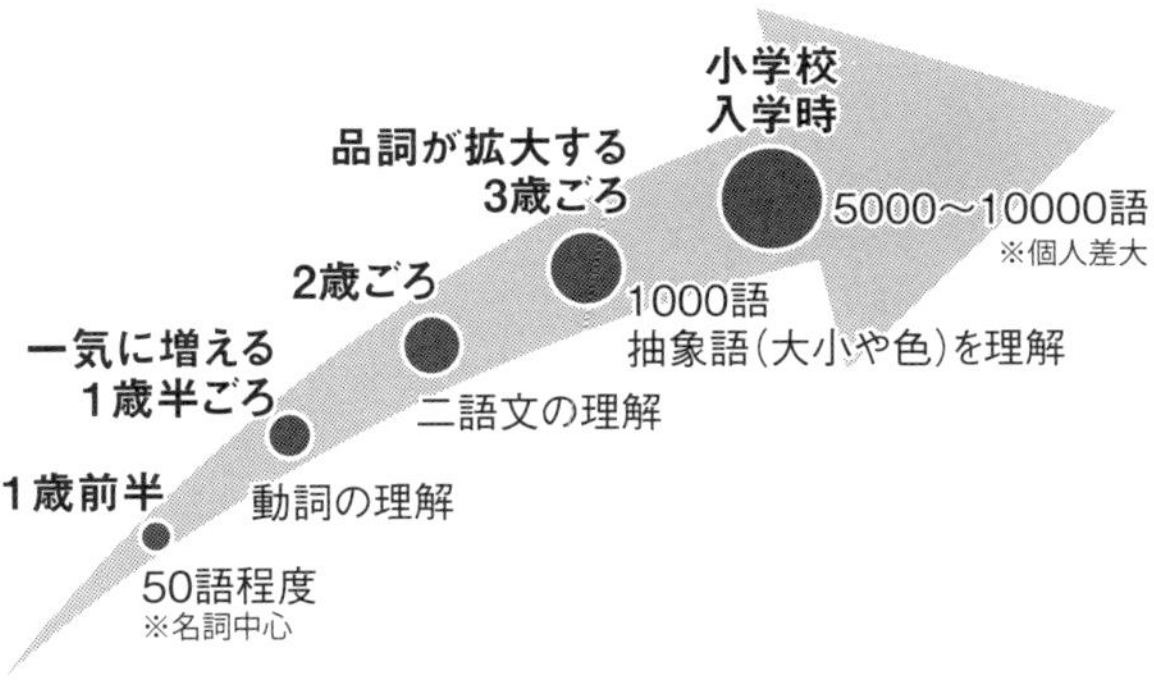

つまり、この時期のことばの「発達」（特に語彙）は子どもの世界観（経験）とリンクします。

言い換えれば、子どものさまざまな物事への興味関心が薄い場合、この時期に獲得した語彙は（相対的に）少なく見えるでしょう。さまざまな要因で子どもの世界（経験する場）が制約を受けると、それも語彙の獲得に影響するかもしれません。ここまでは、あくまで相対的な話です。

この時期の、知的な発達の遅れや発達障害の特性を持つ子どもたちのことばやコミュニケーションの発達の特徴ですが、まず、知的な遅れを伴《ともな》えば始語の出現時期は相応に遅れる傾向にあります。

ただし、この段階で「話しことばがあるから問題ない」「ないから問題あるかも」と判断するのは短絡的です。この段階では、そのことばを「わかっているか（理解できているのか）」を見ておくことが重要です。

コミュニケーション面では、特に発達障害の特性のある子どもたちの一部では1歳前後から出現する「共同注意」が出にくい（あるいは遅れる）、と言われています。

共同注意とは、子どもと大人、子ども同士が、同じ対象や出来事に意図して注意を向けるやりとりであり、コミュニケーションの土台になっています。この共同注意が成立したと周りが確認できる行動のことを「共同注意関連行動」といって、典型発達ではこの時期に確認できます。

共同注意関連行動は話しことばを通じたやりとりに限りません。視線、指さし、ことばなどを通じて成立します。話しことばがゆっくりしている子どもでも、さまざまなコミュニケーション手段を通じて、相手との間で関心の対象を共有することができている場合は、その後のコミュニケーションの発達に期待が持てるわけです。

つまり、「話しことば」だけに囚《とら》われすぎないこと、これも大事なポイントです。言い換えれば、「伝わった・伝えられた実感」「共有できた実感」が大事ということです。

世界の広がりに合わせてことばの質・量とも拡大する２～３歳

２歳ごろから二語文を話し出します。ことばを２つ並べてより詳しく状況を人に伝えることができるようになり、人のお話を聞く（つまり聞いて理解する）場面でも同様に文のルールを活用するようになります。この時点での文のルールとは、「並べたことば（単語）のすべての意味を満たす」（「赤い靴」＝「赤くて」かつ「靴」）というものです。

頭の中にことばの蓄積ができて（専門用語で心的辞書といいます）、１歳台では50程度だった語彙の量も３００を超え、３歳ごろには１０００語程度へと、どんどん積み上がっていきます。

この時期も生活経験の中で知っていることばを増やしていく段階です。生活の中で、さまざまなものに興味を持って触れて使って実際に活動することが、ことばの獲得につながります。さらにこれまでに一度獲得したことばも少しずつ意味を拡大していきますし、同じことばにもさまざまな言い方があることを学習し、少しずつ表現の幅も広がっていきます。

ただ、まだまだこの時期のことばの意味の広がりは大人のそれと同じではなく、「子どもの世界観」を反映したものと言えますし、子どもを取り巻く環境によって個人差が大きいことも確かです。

2歳半を過ぎると、ものや動きだけでなく属性にも名前（ラベル）があることを学習します。「大きい・小さい」であったり、色の名前の理解も進んでいきます。この時期は頭の中の辞書の基盤を作っていく時期とも言えます。前段階もそうでしたが、この時期は特に「ことばは教えるものではなくて（その指し示す内容に）『気づかせるもの』」であることがわかります。これは本書のキーポイントでもあります。

話しことばの伸びにあわせて、周囲の人（特に大人）とのやりとりも増えていきます。自分のことばを上手に使って要求を前段階より細かく伝えたり、要求だけでなく状況を伝達したり（例えばトイレの報告など）、と実際に使っていく中で「話しことばを使うスキル」（コミュニケーション手段）の基盤を育てていきます。

ことばは行動を組み立てる手がかりにも使われるようになります。「おもちゃであそぼっと！」のように、これから行動することがことばになって出てくるのもその証《あかし》です。この行動や考えを組み立てる手段としてのことばの働きは、4歳を過ぎるころには口に出さずに頭の中で完結するようになります（内言化）。

この時期の、発達障害の特性があったり知的発達に課題を抱えたりしている児童のことばやコミュニケーションの特徴についてですが、まず知的発達に課題を抱える場合は、知的発達相応に辞書の大きさと広がりが小さくなる傾向にあります。

比較的触れる機会の多いことばは覚えやすい一方で、あまりなじみの薄いことばには気づきにくい傾向にあります。これはすべての子どもに共通することですが、その傾向が強く出てくるように感じられます。

発達障害特性がある場合、「好きなものはめっちゃ覚えるけど、そうでもないものは見向きもしない」といった感じです。つまり、知っていることばのカテゴリー間の差が出やすい傾向にあります。発達特性と知的発達双方の傾向が重なることもあります。また、ADHDやSLDの特性のみがある子どもの場合は、この時期にことばやコミュニケーションの側面からその後の発達障害特性を見出《みいだ》すことはまだ難しいのも事実です。

乳幼児精密健診の1つ「3歳児健診」（一部地域では3歳6か月児健診）もこの時期になります。知的な発達の遅れや発達障害特性に関する指摘を受ける最初のポイントになります。健診は障害を見出すためのものではなく、養育者と子どもが日々を安心安全に生活するために必要な情報や、いま何をすべきかを教えてくれる場です。「不安だから行かない」ということだけは避けてほしいですね。

ことばの「質と幅」が広がる4歳後半以降――話しことば

子どものことばは生活やその中での経験の広がりによってどんどん拡大します（いわゆる「横」への拡大）。さらに保育園の年中さん（4歳後半）になると聞いて理解する力に大きな質的変化（「縦」への上昇）を見せます。

文法の気づきの３段階（小学校入学まで）

第1段階 2歳〜4歳前半	「ことばを連ねる」ことの気づき
第2段階 4歳後半〜6歳ごろ	「ことばの順番に意味がある」ことの気づき
第3段階 6歳〜	「助詞が重要である」ことの気づき

いままでは人の話を聞いて理解する際、一つひとつのことばの意味を主な理解の手がかりとしていましたが、この時期からはことばの順番（語順）を手がかりとして活用するようになります。

ことばの順番を手がかりにするというのはつまり最初に出てきたことば（名詞）が主語であり、その次が目的語（最後が述語）である、ということばを並べる「約束」に当てはめて状況を理解するというものです。いわゆる文法上の規則を知り活用することができ始める時期になります。お話を理解するうえでこのお約束の活用がより重要な役割を果たす段階と言えます。

さらに6歳ごろには「助詞」がお話を聞いて理解するうえでの大きな手がかりとなります。例えば「男の子が女の子を引っ張った」というお話を聞いた際に、3、4歳の子どもは「男の子」「女の子」「引っ張る」というそれぞれのことばの意味から全体を推論します。

それが、ことばの順番が手がかりになってくる4歳後半ごろになると、最初に出てくる男の子が引っ張った人（主語）、その次に出てくる女の子がその対象（目的語）として状況を理解しようとしますし、さらに6歳になると助詞「が」の前の名詞「男の子」が引っ張った人（主語）であり、助詞「を」の前の名詞「女の子」が引っ張られた人（目的語）、として捉え、より状況を頭の中に思い描くことができるようになります。

「助詞の理解ってそんなに大きな変化なの？」「何に影響するの？」と感じる方もいるかもしれません。助詞の理解が進むことで相手に対してわかりやすくかつ正確に「誰が」「何を」「どうした」といった状況を伝えることができるだけでなく、相手からの質問にも正確にかつ本人にとって負担が少なく答えることができるようになります。

助詞を手がかりとすることができるようになることで、思考や行動にも大きな影響が出てきます。実際に見聞きした状況ではなくても、頭の中で状況を再現したり、視点を変換したりすることができるようになるわけです。

これが助詞を理解する前の4歳の子どもだと、先ほど例に挙げた「男の子が女の子を引っ張った」を「反対から（女の子から）言って」と指示をしても、多くの場合、混乱して「女の子が男の子を引っ張った」といった答えを示します。正しい答えは「女の子を男の子が引っ張った」です。さらに「女の子が男の子に引っ張られた」と答えるようになるのは8～9歳ごろになります。

こういったことばの発達は、ことばを思考の手段として活用していく土台となります。3～4歳の子どもが、まだまだ自己中心的な思考の展開を見せる（わがままと言っているわけではありません）のに対して、この5～6歳ごろに起きることばの理解の手がかりの変化が、自己中心の視点に加えていろいろな視点を取り入れることにつながるわけです。

ことばの「質と幅」が広がる4歳後半以降——書きことば

4歳半を超えてくると書きことば（文字）の理解も徐々に進んでいきます。正確には、この前段階に「話しことばに意味がある」のがわかるのと同じように、「書かれたものにも何らかの意味がある」ということに気づき始めます。

きょうだいがいる家庭では、お兄ちゃんやお姉ちゃんが読んでいる本に興味を持って自分も見ようとしたりします。保育園では自分のお気に入りのシールが貼ってあるところに自分のカバンを片付けたり、特定のマークが書いてあるところに集まりができるようになったりします。こういった経験を通じて書かれたものに意味があることを理解し、シンボルや文字にさらに注目するようになります（専門用語で萌芽《ほうが》的リテラシーといいます）。

こういった文字への興味関心の土台を経て、続いて5歳を過ぎるころには、1つの文字（ひらがな1文字）と1つの音が結びつき始めます。

動物が大好きで絵本の中に「ごりら」と「りす」が書いてあったとしましょう。「もしかしてごりらの『り』とりすの『り』は同じ音で、『り』という文字には/ri/という音が結びついているのでは」という文字と音の結びつきのルールの学習が5歳ごろから一気に進んでいきます（文字に興味関心が高い子どもはこれよりも前に覚えていたりもします）。

典型的な環境と発達を示す状況では、話しことばの理解から書きことばの理解へと進展していきます。つまり、聞いてわからないものは読めないし、ましてや書けない。この原則は、発達を引き出す適切な時期や環境設定において重要なポイントになります。

なお、5歳を過ぎて小学校に入学する前の子どもの頭の中には、5000から10000の語彙が収蔵されていると言われています。5000と10000では2倍の差です。障害の有無にかかわらず、けっこう個人差は大きいものなんです。

4歳後半以降で発達障害の特性や知的な遅れを伴う子どもの場合の特徴

知的な発達に遅れを伴う場合は、ことばの発達も相応に遅れる傾向にあります。話す力と聞いて理解する力を比較すると、聞いて理解する力の方が高い傾向にあります。つまり、ことばを「聞いて理解できる」が土台になってはじめて「話すことができる」へとつながるわけです。

私たちが目にする子どものやりとりは単にことばの発達だけでなくコミュニケーションスキル（ここでは状況に合わせてことばを上手に使うスキル）の側面を見ています。よって、発達障害の特性、特にＡＳＤ傾向がある子どもの場合は「ことばはたくさん知っているのにおしゃべりは下手だな……」「知っていることは知っているのになんかうまく伝わらないし伝えられないな……」といった印象を持つかもしれません。

実は知的障害のある子どもでもＡＳＤ傾向のある子どもは、「助詞の理解と活用」に結構難を示す（この段階のハードルが高い）場合が多いのが特徴です。

コミュニケーションの発達の観点に立つと、ＡＳＤ特性のある子どもの場合、やりとりのテーマに偏りがあったり、一回のやりとりが短い傾向にあったりします（「やりとりが一方的で深まりにくい」といった印象を持つ方もいます）。

また限局性学習症の子どもたちの場合、「結構よく話してくれるしやりとりもできるのに絵本を読む場面とか文字を使った活動にはあまり参加しないな（興味を示さないな）」といった印象を持たれることがあります。

さまざまな機能の発達のバランス、また、ことばという限定された働きの中でのバランスの悪さには、それなりの理由があると考えておいた方がよさそうです。「まだ経験が少ないから」「本人の好き嫌いの問題」といって課題を先送りすることはあまり適切ではありません。

本人の好き嫌いが起きるのも、何も面倒なことを避けて楽なことをしたいというわけではなく、好き嫌いが起きるにもそれなりの理由があると考えておきましょう。

コラム　文字指導の落とし穴

長崎大学准教授
荻布優子

私たちの生活に文字は必要不可欠なツール（道具）です。私たち大人はどのようにして読んだり書いたりを学んできたのでしょうか。

文字を体系的に先生から「習う」のは小学校1年生の1学期から始まります。幼児期に自然と文字に慣れ親しみ、教えられたわけではなくても何となくひらがなを読める子どもも多いですが、多くの子どもは小学校入学と同時に突然、文字がなくてはならない生活に切り替わります。

この時期は文字を習得することそれ自体が学習の中心とも言えるでしょう。1学期にはひらがな、2学期にはカタカナ、2学期の後半ごろからは漢字、といった順に次々と学んでいきます。

多くの場合は「読み方」と「書き方」を同時に習い、ついでにその文字を使ったことば（単語）も習います。さらに同時に、学習場面での〝よい姿勢〟や〝鉛筆の持ち方〟、文字の〝書き順〟や〝とめ・はね・はらい〟を正確に守ること、文字の大きさは〝ノートのマスに合わせて〟〝バランスを整えて〟など、細かな注意事項も一度にたくさん示されます。

新しい文字もどんどん覚えなくてはいけないし、気をつけなければいけないことはたくさんあるし、でも気をつけたところでまだまだ練習中でできないこともできないときもたくさんあるし……と子どもたちの頭の中はドキドキでいっぱいになってしまいます。

どの注意事項も大切な事柄であることは否定しません。でも、私たち大人はすでに〝できる〟ことが当たり前になってしまっているので、子どもたちも当然〝すぐできるようになるはず〟と思ってしまう、というところに落とし穴があるのです。大人は自分が子どものころに、姿勢や書き順、文字のバランスなどたくさんの注意事項を一気にクリアすることができていたのでしょうか。

もうはっきりとは覚えていなくても、きっと大変な思いをしていた人の方が多いはずです。発達障害の特性を持つ子どもたちは、同時にいくつもの事柄に意識を向けることが苦手な場合が多く、細かな文字指導に疲弊してしまうことがよく起こります。文字学習で大切にしたいことは、焦らずに文字と仲間になることです。文字とは一生お付き合いを続けていかねばなりません。この時期にあまり細かな文字指導をしすぎることで文字に嫌なイメージを付けてしまうことは避けておきたいところです。

優先すべきは「正しく読めること」、書かれている「内容を理解すること」です。読みと書きを同時に習うとどうしても成果が目に見えてわかりやすい「書き」に大人も子どもも目が向きがちですが、まずはしっかり読んでお話を楽しむこと、文字が自分の役に立つと実感することが大切です。

我々のグループの研究では、きれいで形の整った文字が書けることと学力との関係があまり高くないことや、学年が上がれば自然と文字の形は整っていくということがわかっています（荻布ら，2023）。

つまり、とめ・はね・はらいや文字のバランスなどはあまりこだわらずに、ほどほどに読める程度に整った文字が書ければよい。繰り返し過度に練習しなくても学年が上がればそれなりに文字の形は整っていく子どもが多いということです。
文字学習に登場するさまざまな〝注意事項〟は、できるに越したことはありませんが、それほど完璧にできなければいけないことでもありません。文字はあくまでも私たちの生活のツールですから、あまり神経質なお付き合いをするよりも、気心知れた関係でいるのがよいと思います。

参考文献

荻布優子・川﨑聡大・奥村智人・松﨑泰（2023）「『正しく整った文字』を書くことは学力に関連するか―2種の漢字採点基準における書き成績と学力との関係の比較―」特殊教育学研究，61（3），123-132.

第3章

自閉症スペクトラム障害（ASD）のことばとコミュニケーション

■自閉症スペクトラム障害って？

さて、ここからは代表的な発達障害特性を1つずつ見ていきましょう。これまでの章で見てきた発達障害や言語発達の前提理解をもとに、話を進めていきます。

まずは自閉症スペクトラム障害（ASD）について。

「こちらの意図が通りにくい人」
「視線が合わない人」
「コミュニケーションに難がある人」
「マイペースで自分の主張を曲げない人」
「ちょっと変わっているけど特異能力も持っている人」

一般の方にASDのイメージをお聞きすると、この手のコメントが散見されます。これらは実はかなり歪《ゆが》んだイメージに基づくもので、ものによっては「明らかな誤り」も含んでおり、偏見を助長しかねません。ASD特性を対象とした脳イメージング研究では、典型的な脳神経系のネットワークと異なる状態が明らかになっており、社会的コミュニケーションの問題とイマジネーションの問題という2つの行動特性を持つ発達障害です（詳しくは本章で解説していきます）。

乳幼児期初期からＡＳＤ特性の傾向は日常の生活で認められるとされていますが、特性の程度が「薄い」と、何となく違和感を覚えながら大きくなり、年齢に応じて期待される社会性を発揮できない時点が訪れてはじめて気づかれる（あるいは気づくこともあります。

もう1つ注意しておきたいことは、自閉症スペクトラム障害は「バリエーションが幅広い」ということです。そのため、それぞれの人が持つイメージが異なったり、特性による困難さを周りに認識されなかったりと、つらい思いをすることも少なくありません。

本章では、できる限り間違いの少ない形で実態について述べたいと思います。

「自閉症スペクトラム障害」の歴史

ＡＳＤは１９４３年、アメリカの児童精神医学者レオ・カナーによって「幼児自閉症」として報告されました。またアスペルガー症候群はこの翌年1944年にハンス・アスペルガーによって報告されています。

当初これら2つはまったく別物の障害として報告されていました。アスペルガーの書いた論文は「歴史に埋もれていた」と言ってもいいでしょう。ハンス・アスペルガーにしてもレオ・カナーにしても、報告当初はASDを現在のような発達障害の枠組みではなく、精神疾患の枠組みで捉えようとしていたようです。

その後1950年代から1970年ごろまで、精神分析学者であるブルーノ・ベッテルハイムが提唱した、今やトンデモ理論の代表格と言ってもよい「冷蔵庫マザー理論」が幅を利かせます。

これは「自閉症は母親の愛着不足によって生じる」という内容で、多くの母親を誤解と偏見の渦《うず》に叩き落としたまったく科学的根拠のないものです。

残念ながら、この誤解は完全に死滅せず、どうも「人間関係の問題の背景には愛着障害がある」といった意見を主張する人がいるようですね。世の人の一部には、どうしても発達障害をしつけ・本人の努力・親の愛着の問題にしたい人もいるようです。

まず、愛着障害という医学診断名は存在しません。世間で言われている愛着障害の医学診断名は、「反応性愛着障害」「脱抑制パーソナリティ障害」が該当しますが、これと同じものを指しているかどうかも不明ですし、発達心理学での「愛着関係」の定義ともずれるように私には映ります。私の知る限りの児童精神科医の先生は、全員「愛着障害はそんな簡単に診断できるようなものではないぞ」と一笑に付しています。バランスが大事ですよね。

話を戻して、冷蔵庫マザー理論に基づいた支援やセラピーはもはや黒歴史です。アメリカでは1970年には全面的に否定されていますが、なぜか日本では母性神話とも相まって海外より長く生き残っていた感があります。その結果、さまざまな誤解と偏見を生む温床となってきました。

その後、1980年代になってイギリスの児童精神医学者であり、自身もASDの子どもを育てていたローナ・ウィングがハンス・アスペルガーの論文を「アスペルガー症候群」として報告し、広く認知されるようになりました。

ウィングは、自閉症もアスペルガー症候群も症状の見え方は一見異なるが根本的な部分は共通するとして、「自閉症スペクトラム」の概念を呈しました。このころにはＡＳＤは、先天的なもので脳機能の問題が関与するという理解に至り、発達障害としての枠組みで捉えられるようになりました。

発達障害の医学診断は、それぞれの医師のさじ加減で判断しているわけではなく、基準があります。国際的に通用する基準の1つにアメリカ精神医学会が定めた「精神障害の診断マニュアル」があります。この第5版にあたる2013年のＤＳＭ-5では、アスペルガー症候群はＡＳＤに統合され、診断名から消えました。

ＡＳＤの特徴

ＡＳＤの特徴を人に聞くと、「視線が合わない」「融通が利かない」「人とコミュニケーションがとれない（とりづらい）」「興味や思考が独特」といったものから、「独り言を言っている」といった一部の行動が誤解されたかと思われるもの、「人の気持ちが理解できない」といった極めて失礼なラベリング的なものまで挙げられます。

およそＡＳＤの発症率は1～2％と言われており、最近の研究では、日本人を対象としたＡＳＤの発症率に関するもので３％程度の発症率の報告がある一方で、そもそも「自閉スペクトラム症」が1つのグループにまとめることができるのか、に疑問を示すものもあります（今更ながらの感がありますが）。要はＡＳＤとされる人も千差万別であって一人ひとり多様な状態を示すわけです。

余談ですが、ちょうどこの本を執筆しているときにＡＳＤ特性を持つ料理人を主人公としたドラマ「厨房のありす」が放映されていました（日本テレビ系列２０２４年1月クール）。その中で主人公の幼馴染がＡＳＤの特性を説明していましたが、あくまで今の説明はこの主人公に当てはまるもの、ということを明確に述べていて好感が持てました。

ローナ・ウィングはＡＳＤを３つの特徴「三つ組」で説明しました。さらにＡＳＤの特性の強さは薄い人から濃い人までさまざまであり、この「グラデーション」を「スペクトラム」ということばで説明しました。ＡＳＤだけでなく、誰でもそれぞれの側面で濃淡が人によって異なります。

「三つ組」は現在の診断基準に従って２つの特徴「二つ組」となりました。「イマジネーションの障害」と「社会的コミュニケーションの障害」（社会的相互作用とコミュニケーションの質的障害）です。

「イマジネーションの障害」とは？

二つ組の1つ目「イマジネーションの障害」とは、どういうことでしょうか。

イマジネーション＝想像力ですが、「想像力が欠如している（想像できない）」わけではありません。これはまったくの誤解です。「想像のプロセスが独創的かつ特異的であること」と言った方がより適切でしょう。特に注目する観点や発想が独特です。その独特さが結果としていまの社会を生き抜くうえで不幸にも支障をきたした状態を指して「イマジネーションの障害」と言っているわけです。

この「イマジネーションの特異性」が結果的に人とのコミュニケーションにどう影響するかとしては、

○少しの違いで戸惑う＝みんながするっと流すところで引っかかってしまう

○「これでわかるでしょ」と話し手が考えるところで同じ理解につながらない
○話題の共有が難しい
○共有できる話題に限りがある
○手順や道順に対してこだわりがあり、曖昧さやファジーさの理解が難しい

といったことが挙げられるかもしれません。詳しくは追って、事例とともに説明していきます。

ただこれらは、我々が視点を変えることで充分対応可能です。周りの人は本人に対してできる限り誤解が少ない伝え方を心がければいいわけであり、特性のある受け手は上手に確認するコミュニケーションスキルを身につけておけばいいわけです。

こちらからの声かけひとつにしても誤解を減らすためには、指示語や目的語の省略を避け、抽象的なことばの使用を減らしましょう。例えば「ちょっと待って」ではなく「10数えるまで待って」（と言いつつ一緒にカウントダウンする）といったものです。

話題の共有が難しいというのであれば、内容を吟味しないままで「子どもはこちら

の興味に乗ってくる」という前提から離れて、本人の興味関心にこちらが興味を示し話題を寄せていくこともできますし、本人も話が合う相手を選択するスキルを学習していけばいいわけです。

「感覚の偏り」とコミュニケーション

「感覚の偏り」は、イマジネーションの障害の1つです。いわゆる感覚過敏のことです。過敏ばかりが注目されますが、本来「感覚の偏り」であるように、感覚過敏だけでなく感覚鈍麻《どんま》にも注意する必要があります。つまり、その子に一部の感覚の過敏性があれば、鈍麻（鈍さ）も必ずどこかにあると思っておいた方がいいでしょう。ただ、感覚過敏はほかの疾患でも起きますので、「感覚過敏＝ASD」とはなりません。

少し前までの調査研究では、感覚過敏は小学校入学前後に一番多く、ASD全体の6～7割に認められ、高校生から大学生くらいの年齢で半分程度に減少すると言われていました。

これは別に、感覚過敏が治ったというものではなく、「ある程度対処できるようになった」「対処方法を学習できた」結果であり、決して嫌な感覚を克服したというわけではありません。つまり、いつまでたっても嫌なものは嫌です（我々もそうですよね）。感覚にもいろいろありますが、目に見えて問題となりやすいのは聴覚過敏、触覚過敏、味覚過敏が多いように思います。

最近になって、感覚の偏りは6～7割よりもっと多いのではないか、もしかするとほぼすべてのASDの方にこの感覚の問題というのが生じているのではないかというふうにも言われています。

なぜなら、感覚の状態、例えば音をどの大きさから「うるさい」と感じるかという閾値《いきち》は、自分自身に固有のものであって人と比べることができないからです。感覚の問題というのは本人かあるいは他者（養育者や支援者）が、あくまで対象児童の反応と他児の反応を比べて「あれ、違うのかな？」と感じてはじめて「過敏性があるかも」と認知されるわけです。

自分自身の感覚の状態を適切に言語化し相手に伝えるのはかなり難しいことです。ASDの子どもはそもそもコミュニケーション面に課題を持っていますし、知的発達に遅れを伴うとより一層（上手に伝えることが）難しくなります。

親はそもそも、わが子の感覚は「自分とはかなり違うはずだ」と考えておくことが大事です。「お兄ちゃんもできたから、お姉ちゃんもできたから、○○くんもできるからあなたにも問題ないはず。これくらい我慢しなさい」は禁句です。

ASD特性があれば融通が利かないのか？

相対的に見れば「ＡＳＤの子は融通が利かないなあ」と感じるかもしれません。このあたりも、イマジネーションの障害に関係した話題です。

いわゆる「融通が利かない」については、初めて幼児自閉症を報告したレオ・カナーは「同一性保持の強迫的欲求」ということばを使い、診断基準の中でも「変化に対する抵抗（resistance to change）」と表現していますが、かたくなに変化を嫌う、というより「**先の見通しの立たないことによる不安がその子をかたくなにさせている**」と言えるかもしれません。

コロナ禍で我々も体験したように、変化に適応するにはそれ相応に疲れますし、ストレスがたまりますよね。見通しを持ちにくく、どうすればいいかわからない状況では構えますし、疲れも倍増します。常時そのような状況に置かれていると思ってください。

決して「やりたくないからわがままを言っている」わけでもありません。ここ、大事です。

特定のものや刺激に対する強い執着にはどう対応する？

ＡＳＤの子どもが興味を示すものは、列車や歌や特定のアニメ、車、ゲームなど多岐にわたります。私が見た中では、ハンドタオルや辞書、カレンダーに固執した（ハマった）お子さんもいました。

「うちの子、ずっとこればっかりやってるんだけど、ほかの遊びもさせたいので少し取り上げてみたんです」。こんな親御さんもいますが、まずやめた方がいいですね。保護者や大人から「させられる」時点でもはや「遊び」ではありません。

特定のものへの強い興味関心はＡＳＤの認知特性による結果の行動であって、プラスにもできるところ。コミュニケーションの観点から見れば、子どもと大人で共有できる格好の話題です。

周囲が避けておかないといけないのは、自分の知らないことは「悪」と決めつけることです。依存や嗜癖《しへき》と同じように捉えて必要以上に制限する方がいますが、それはあまりよろしくありません。やみくもに禁止が前提だと、ＡＳＤでもゲーム依存でも最終的によい結果につながりません。

「社会的コミュニケーションの障害」とは？

「社会的コミュニケーションの障害」（社会的相互作用とコミュニケーションの質的障害）は、人と円滑なやりとりを行ううえで重要なコミュニケーションスキルの苦手さや独特さを指します。

特にことば以外のコミュニケーション手段（非言語的コミュニケーション）、視線・発声・ことばの間、といったものの意味の処理がいわば「独特」であり、結果として我々の予期せぬ理解や反応を示します。その結果、「コミュニケーションがとりづらい」

と周囲が感じることになります。

またイマジネーションの部分にも関連しますが、ことばの意味の「幅」の狭さもこちらに該当します。ことばを字面通りに解釈してしまったり、行間を読めなかったり（正確には、行間が読めない、というよりは表向きのことばの意味に引っ張られてしまう）、といったことが該当します。

いくつかその実態を解説していきたいと思います。

ＡＳＤ特性があれば視線が合わないのか？

「視線が合わない」というＡＳＤのイメージですが、答えは「ノー」です。別に視線を合わせられない何かがあるわけではないですよ。その状況で視線を合わせることが本人にとって意味のあることと認識されれば、がっつり合わせてくれます。

あえて言えば、「結果として（コミュニケーション場面での）マジョリティーの視線の捉え方と少し違っているように見える」といった表現が近いと思います。

なぜ人は視線を意識するかというと、視線が人とやりとりするうえで大事な意味があると知っているからです。

ＡＳＤの場合、視線などの非言語情報を読み解くプロセスが少し独特だったり、その後の過程に違いがあります。当然、読み解きが難解な記号（理解するのが難しい・理解するために負担がかかる情報）は注目度が落ちます。よくわからないものは見ないわけです。

一般的に意味のないものや非効率的なものには我々にしても誰も注意を払わないのと同じです。相手を意識していないわけでもなければ（意識の仕方は違いますが）、ましてや相手を嫌っているから視線を合わせないわけでもありません。

なお、一般的な発達経過では生後10か月ごろから「この子、視線を意識しているな」とこちらがわかる行動が出現します（74ページで出てきた「共同注意関連行動」です）。

ＡＳＤ特性があればコミュニケーションがとれないのか？

ＡＳＤは意思疎通ができないわけではなく、典型発達で一般的なコミュニケーションのスタイルを崩せない人にとってはＡＳＤと対するのは難しい、というのが適切だと私は思います。特に話し方や人との距離感は「相手が合わせるもの」と決めてかかる人（いますよね……）との相性はよくありません。

おそらくASDの特性を持った人も、**お互いをすり合わせる過程で同じようにやりにくさを感じている**でしょうね。「この人たちはなぜこんな難しいやりとりの仕方をするんだろう？」と。

ASDの特性のある方の中には、むしろコミュニケーション場面を少しでも理解しようと真面目に取り組む傾向を持つ人もいます。一生懸命ことばの裏を読もうとして逆に失敗したりといった経験に疲れてしまう方も少なくありません（いわゆる「過剰適応」の一種）。何となくコミュニケーション不全感は認識している、ただ具体的な対処方法は獲得できていないというわけです。

ASD特性があれば興味や思考が独特なのか？

ASDの子どもの遊び方は、結構独特であると捉えられていることが多いようです。ままでも、人に迷惑をかけなければ「大きなお世話」と言っていいでしょう。ましてや興味の偏りを挙げる人に至っては、「特定の趣味にハマっている人や『オタク』と呼ばれる人との違いは？」と聞いてもうまく説明できる人は極めて少なく、中には「一緒ですか？」と質問で返す人までいます。言うまでもないことですが違いますよ。一側面だけ切り取って判断できるわけがありません。

「ASDは興味や思考が独特」と語られがちな背景には、幼児期の遊びの独特さがASDの特性に気づかれる1つの要因になっているというのもあります。例えばミニカー遊びだとすると車を実際に走らせて楽しむこと（いわゆる「ごっこ遊び」）が多いと思いますが、ASDの典型例としてミニカーをきっちりと縦に並べてそれを眺めて楽しむ、といったエピソードがよく聞かれます。

遊びの独特さの背景にあると考えられるのが、**情報処理の様式の独特さ**です。我々が自分以外の外の情報をどのように取り入れて分析するかという過程が、「情報処理（認知処理）の様式」です。ものの見方・見え方は人それぞれです（同じASDの子どもたちでも一人ひとり大きく違います）。

幼児であれば「ミニカーは走らせて遊ぶもの」と大人は思うかもしれませんが、これも人それぞれなんですね。よくこの並べてみて遊んでいるところを第三者が触る（よくあるのが同年代の子どもが邪魔をする）と怒る、といったことが問題になりますが、そもそも子どもは誰だって気に入って遊んでいるものを触られると、そりゃあ怒りますよ。

これはASDのイマジネーションの問題ではなく、第三者の介入を上手に拒否することが苦手なコミュニケーションスキルの課題です。イマジネーションの問題を抱える彼らにとって（特に特性の強い子どもにとっては）行動の予測がつかない同年代の子どもの反応は結構ドキドキさせられるストレスフルなものだと思ってください。

そこでわかりやすく相手の介入を拒否しようとすると、「怒る」という行動になるわけです。彼らは典型発達のほかの子どものように、大人への言いつけも行動の言い訳も難しい状態にあります。その行動の背景が重要です。

ASD特性があれば相手の気持ちがわからないのか？
——共感のメカニズム

ASDは「人の気持ちが理解できない」というのは、極めて失礼なラベリングで、妄想迷信の類と言っても過言ではありません。

そもそも自分以外の（ときに自分自身の）人の心を「私は読み解くことができる」と公言する人がいたら、その時点で「それ、ほんと？」と私ならそちらの方に危うさを感じます。面倒なことが多い人付き合いにおいて最も危うい人は「相手の気持ちがわかっていると勝手に勘違いしてふるまう輩《やから》」だと私は思うのですがいかがでしょう。賛同していただける方は決して少なくはないと思います。

まず人が「共感する」プロセスを考えてみましょう。「共感」をテーマとした研究は心理学や哲学にとどまらず昔から星の数ほど存在します。「共感した」という状態に至るには、①自分自身の心的状態を知り、②他者の心的状態（感情）を知り、③自分の心的状態の土台となっている情動が他者の心的状態を推論する過程の中で強められたものと自分自身が認識する、というプロセスが必要です。

こう書いてみると、結構ハードルが高い（あるいは誤解が生じやすい）ことがおわかりいただけるかと思います。感情と情動の違いですが、ここでは情動は内的、外的な刺激によって生じる生理的な反応であり、感情とはそれが言語化されることによって強められたもの、とこの場では仮に定義しておきます。

情動が揺さぶられる状況はさまざまなものが刺激となりますし、意外と何によって自分の情動が揺さぶられたかを客観的に認識することは難しいものです。さらに相手の気持ちもあくまで推論の域を出ません。世界観や文化が違えば、そもそも情動を引き起こす刺激に対する感情値（その刺激にどのような感情を結びつけるか）自体が異なるわけですから同じになりようがありません。

さまざまな「ASDの特性」とされているものを検証する

さて、ここからは「イマジネーションの障害」と「社会的コミュニケーションの障害」にこだわらず、幅広くASDの特性とされているものについても掘り下げていきましょう。

ASD特性があれば必ず視覚優位なのか？

私は「先生、自閉症スペクトラム障害の子どもは視覚優位なんですよね、だから口で言うより目で見てわかるように伝えた方がいいですよね？」と保護者や支援者から聞かれることが多くあります。

ある意味これは間違ってはいないのですが、飛躍や誤解もあるので少し説明を加えておきます。

まず、「目で見て（本人が理解できる媒体で）わかるように伝える」ことは、ASDに限らずすべての子どもとのコミュニケーション上で重要なポイントになります。話しことば（聞きことば）の発達段階にある児童にとって、ことばだけでイメージするのは簡単な作業ではありません。皆さんも、英語を学習し始めたころを思い出してください。

しかも、**話しことばはすぐに目の前から消えてしまいます。**実物や絵などで示された場合は、話しことばと違って目の前から消えません。手がかりとして存在し続けます。言われたことがわからなくなったらそれを見ればいいわけです。その利点を感じるのは、皆さんも同じではないでしょうか。

ASDにとって、結果として視覚的な情報処理は聴覚情報処理に比べて効率的なのは間違いありません。ただASDに限ったことではないんです。また「見えたら何でも通じる」わけではありません。それでも、視覚情報を用意するというのは、知的発達にばらつきがある集団においても、年齢差が大きい集団においても気をつけておくとよいポイントになります。

保育園や幼稚園や小学校でASDの子どもが通っているところに行くと、ときどき「この子は口で言えばわかりますから」とおっしゃる先生に出くわします。

もちろんその通りだと思います。口で言ってもわかる子なんだと思うのですが、「わかる」レベルも人それぞれです。円滑なコミュニケーションや安心した日常生活を送るためには、ただ「わかる」だけでなく、**いかに（本人にとって）負担が少なく理解できるかが大事**なんです。「できる・できない」の間には「頑張らないとできない」「めちゃくちゃ頑張ってようやくできる」といったさまざまな段階があるんです。

視覚支援の注意点

難しいのは、何でもかんでもいつでも視覚支援（見てわかるように伝えること）をすればいいというのではないことです。状況や場面によって（子どもの状態にもよりますが）視覚的に情報を提示すると、本人にとって余計に煩雑になる場面もあります。本来、周りの状況を読み解くヒントであるべきものが、それを使うために労力を割かないといけないとなるとこれは逆効果です。

こんな事例がありました。

次の行動のイメージが持てないために、活動や行動の切り替えがなかなか難しかった就学前のＡＳＤの児童がいました。その児童に、写真カードを使って次の行動の予告を行った（例えばトイレに行く前にトイレの写真のカードを見せる）ところ、本人もそれで少し見通しが持てるようになっていました。

そこでその子の支援者が「なるほど！　先に目で見てわかるように伝えておけばい

いのか！」となり、一日すべての活動と行動を詳細に写真カードに置き換えて縦長のホワイトボードに貼り付けた個別スケジュールを作ってきたことがありました。

これはあまり得策ではありません。というのも、皆さんも仕事で分厚いマニュアルを渡されて「書いておいたのでちゃんと見てやりなさい」と言われたら、「こんなのいちいち読めるか！」と不満がたまりませんか？　私もそうです。さらにそのマニュアルが毎回相手都合で変わると……どうでしょう？　見るのも嫌になりますよね。

「目で見てわかるように伝えても（あるいはやってみたけれど）この子は動いてくれない（だからやっても意味がない）」と言う方もいます。このような場合は、子ども自身は何かやりたいことがある中で、大人の意図を通そうとするような場面であったり、本人が嫌な活動を促そうとしたり、本人の好きな活動を止めようとするような場面であることがしばしばです。

「視覚優位」だからといって、見せれば何でも言うことを聞くわけではもちろんありません（むしろイメージしやすいわけですから嫌なことは余計嫌に感じるでしょう）。

だからと言って、事前に予告をせずに「だまし討ち」や「無理やり」なんて方法で子どもをコントロールしようとすることはやめてください。

ＡＳＤの視覚優位の特性を活かした環境設定は専門用語で「視覚支援」「視覚的構造化」といいますが、なぜそれが必要か、ゴールを見失ってしまうと「視覚支援のための視覚支援」になってしまいます。

写真カードや絵カードを極端に嫌がる大人たち

「絵カードや写真カードを使うなんてとんでもない！　おしゃべりしなくなる」という方がいます。結構かたくなに拒否する方もいますね。「何かしてほしいときにカードみたいな無機質なものでなくて魂のこもった温かいことばでやりとりしないと」と本気でおっしゃる方もおられますね。おっしゃりたいことはわからないでもないのですが……。

絵カードや写真カードを使ったコミュニケーション、例えば子どもが親に「おやつ」の写真カードを手渡しておやつをもらう「要求」をするという、コミュニケーション場面を考えてみましょう。

これができたからといって、子どもは話す必要なしと判断しません。いま持っているコミュニケーション手段よりもっとリーズナブルで使いやすい手段を獲得すれば自然とそちらに移行します。お話しできるならその方が子どもにとっても簡単ですから。

要求場面でカード交換型のコミュニケーション手段を使うことの利点は、「誰に」「何を」要求しているのかわかりやすい点です。本人としても要求を満たしてくれる相手に声もかけないでカードだけ渡すこともないでしょう。つまり写真カードでやりとりしているうちに、コミュニケーションの「フレーム」（フォーマット）を学習しやすいわけです。

写真カードのみのコミュニケーションで、「おしゃべり」といったこちらが希望するコミュニケーション手段を選んでくれないのには、いまはまだ本人が利点をさほど感じていないという理由が考えられます。

支援側が手段にこだわる前に、本人が「伝わる実感と伝える経験」をしっかり積むことができる環境をこだわって作りましょう。写真カードはそのための一手です。

目の付け所は子どもそれぞれ

写真カードの話が続きます。

皆さんなら、これから行く「お店」を子どもに伝えるとき、話しことばにそえて「ここに行くよ」と写真を見せるとすると、お店のどこを写真に残しますか？「お店の全景」「お店のロゴマーク」「その子の好きなお菓子コーナー」などでしょうか？

実はこれらを子どもたちに試した際には、全部うまくいきませんでした。ある子はお店のカートの写真で、ある子は立体駐車場の写真で「あ、そこね」と結びつきました。

また別の例ですが、ある知的に重度の遅れを伴ったASDの子どもに、私がざっくりその場で絵を描いて身の周りの事物とのマッチングを促すと、両者が「同じものなんだ！」と気づいた（つまりマッチングの学習が成立した）ことがありました。

その様子を目の当たりにした保護者の方が「うちの子、何もわかってないと思ってたんだけど、こんな何描いてるかわからない絵を見て『これと同じ』って判断できるんだ……」とおっしゃったこともあります。

ＡＳＤのイマジネーションは本当に独特で、子どもによって大きく異なることがわかる話です。

道順や手順に関するこだわり

ある朝、セラピーに子どもをつれてきたお母さんが風邪気味のご様子。「どうされました？」とうかがうと、

保護者「先生、昨日結構な雨だったじゃないですか」

私「ですね……」

保護者「あの子のお姉ちゃんを保育園につれて行ったんです……、いつも送って行った帰りには近くの公園で遊んで帰るんですが……」

私「もしかして昨日も？」

保護者「そうなんです。どうしても遊んで帰ると……仕方なくカッパを着せて私が見守りながら少し遊んだんです。子どもはぴんぴんしてるんですが、私が風邪を……」

ということでした。雨なのに、いつもと同じ行動を取りたがったというわけです。

この手の道順や手順のこだわりに関するエピソードはＡＳＤの子どもには数多く存在します。この子はわがままを言っているわけではありません。こういう「見通し」が出来上がってしまっているわけです。「遊びたいから」抵抗するのではなくて「この道順や活動の流れだとこうある『はず』だから」という見通しからずれてしまうことに抵抗を示すわけです。

人は誰でもいままで当たり前にあるものが急に変わるとなると不安を覚えるものです。ＡＳＤの場合、その程度が尋常でないくらい（比べ物にならないくらい）激しいと思ってください。

託児所に行くと怒って泣いていた子どもの真相

もう1つ、道順のこだわりの事例を話しておきたいと思います。

その子は、知的発達に遅れを伴ったASDで、おしゃべりはありませんでした。ある日、保護者の方から「最近、託児所に行くとものすごく怒って泣くんです。私も仕事があるので子どもを預けないといけないですし、託児所の先生がものすごくいい先生でしばらく遊んでいるとまったく問題はなくなるんですけど……どうしたらいいですか」と相談を受けました。

本人はおしゃべりができませんし、そもそも人との関わりが少ないタイプのお子さんでした。周りからすると「何に怒っているのかよくわからない」という状況です。実はよくある話だったりします。

私はとりあえずお母さんにどのタイミングで託児所に行くのか教えていただき、さらに託児所と自宅と療育センターの位置関係を整理して地図に起こしてもらいました。そうすると見えてきたことがあります。

①託児所に行くと毎回怒って泣くわけではないこと
②託児所の手前には夕食やおやつを買い出すスーパーがあること
③療育の帰りには毎回そのスーパーに寄ってご褒美におやつを買ってもらえること

このあたりで察しのいい方はお気づきになったと思います。ちょうどこの託児所が療育から帰る途中のスーパーを通り過ぎた先にあったわけです。本人としては「きっとこの道順を通るとスーパーに寄っておやつを買ってもらえる」と理解していた（本人なりの見通しを立てていた）わけです。決して託児所の先生が嫌いなわけでもお母さんと離れたくないから泣いているわけでもなかったのです。

こだわりを理解するために

まず、こういった**さまざまなこだわりは知的な発達段階に関係しているわけではないこと**を押さえておきます。ＡＳＤの子どものこだわりやまた感覚過敏も含めてＩＱとはあまり関係がないと言われています。つまり知的な発達に遅れがあったり、実際にことばで大人に伝えることができないタイプのASDの方はこういったこだわりが理解されずによくない対応につながっている可能性があります。

もう1つは、何か困った行動や現象が起きたとき、我々大人は「目に見えやすい何か」や「そうであってほしいといった願望」にその原因を押し付けやすい傾向にあるということです。お互いにとって優しいやりとりをするためには、相互になぜその行動をするのかをしっかりと理解していく必要がありますね。

ASD特性のある子は特異能力を持っている?!

「先生、自閉症の方の中には特異な能力を持つ人がいるんでしょ？」

これもよく聞くことです。何をもって「特異な能力」とするかにもよりますが、確かに驚くようなパフォーマンスを示す子どもがいるのも事実です。ただ、その能力がいまの日常生活にどれだけ役立つかは別の話で、周囲が上手にそれを活用できる状況を作る必要があります。

また、すべてのASDの児童にその能力があるかというと、それもまた別の話です。

最近、「発達障害は『ギフト』」とおっしゃる方もいますが、第三者が根拠もなくそのようなことを言うのはいかがなものかと思います。

私が以前担当していた子どもで、こちらが指定した日時の曜日について5年以内であればすぐに正しく答えることができ、車の車種とナンバープレートと運転手は一度見たら覚えている、という子どもがいました。さらにその子は、ある単語がお姉ちゃんの漢和辞典の何ページに載っているのかをほぼすべて記憶していました。

こういった能力を持つ方を「サヴァン症候群」といいます。よく映画やテレビドラマになることもありますね。古くは映画「レインマン」、近いところでは（といっても放送から十数年たちますが）ドラマ「ATARU」などです。

私が実際に見た小学校2年生の子は、6桁と2桁の割り算を余りから書く、なんてことができていましたが、不思議なことに一般的なやり方を教えるとまったくできなくなってしまいました。

サヴァン症候群には、こうしたエピソードも散見されます。その人その人の情報処理の様式に合った方法を使っているわけです。子どもに状況に合わせて思考方法（やり方）を意識的に切り替えろといっても無理な話です。「みんなと同じやり方でできること」を目標に掲げられるのは、ASDに限らず子どもにとっては結構迷惑な話で、もはや「呪い」と言っても過言ではありません。

偏食とどう向き合うか――三角食べは子どもの負担に

感覚過敏によって生じている偏食の場合、無理やり食べさせるなんてのは絶対に避けた方がいいです。一部の保健師さんや栄養士の先生にはお叱りを受けるかもしれませんが、三角食べはしなくていいです。

味覚過敏の児童生徒にとっては一口一口味が変わる（つまり刺激が変わる）と、その都度変化に対応する必要が生じます。今まで入っていた情報をいったん洗い流して（これにも負担がかかります）、新しい味に対する「構え」やその刺激の強さの「予測」や、さまざまな情報を統合することが苦手です。

順序立ててゆっくり変化するならまだしも、「いきなり」「急に」、特に「本人が予測できない状況で」刺激が変わると、当然パニックを起こします（我々だって急に口の中の刺激が変わるとビックリすると思いますよ）。

こういった経験を積み重ねることによって、本来楽しいはずの食事場面があっという間に極めてストレスフルで不安が大きい恐怖の場面へと変化していくわけです。

基本的には、摂取カロリーに大きな問題がなければ、無理やり食べさせることは私は勧めません。好きなもの、食べたいもの、食べられるものから食べていってある程度量を確保し、味が変わる際にはきちんとことばと行動で味が変わることの予告をして次の一口を勧めていきます。

食べられる食べ物の中に苦手な食べ物を混ぜたり、騙《だま》して口の中に入れたりするような人もいますが絶対にお勧めしません。本人のいまからこれを食べるという構え（食事の見通し）が崩れてしまいます。食事場面は養育者と子どもにとって極めて重要なコミュニケーション場面です。そこで「この大人はウソをつく」と認識させるようなことは絶対に避けたいですね。何より食事場面をネガティブな「戦い」の場にしないことが重要です。

ＡＳＤ特性のある子のことばの発達の特徴の理解と誤解

さて、ここからは、本書のテーマである「ことば」に関して、自閉症スペクトラム障害において特筆すべき点について話を進めていきます。

ＡＳＤの子どもは、「ことばの発達は遅れるのか」？

結論から申し上げると必ずしも遅れるわけではありません。前述した通り、ことばの発達は知的な発達と密接に関連するので知的発達に遅れを伴うＡＳＤの場合、知的発達相応にことばの発達も遅れることになります。

養育者の方が子どもの発達について最初に「気になるポイント」が、このことばの遅れですよね。最初のことばが出てくる時期が周りの同年代の子どもに比べてゆっくりしていることで、「うちの子の発達、大丈夫かな」と気にされることが多いかと思います。

■シングルフォーカス
――ASDが抱える注意の課題

ASDのことば・コミュニケーションの問題を考えるうえで重要な特性の1つとして、「シングルフォーカス」があります。シングルフォーカスの反対はマルチフォーカスです。2つともあまり聞きなれないことばだと思います。

シングルフォーカスとは、簡単に言うと、同時に複数のものに注意を向けることが苦手で常に1つのものに注意を集中させる傾向にある、という特性を指しています。

少し例を出して考えてみましょう。例えば同じ職場で向かいの席に座っている同僚が近くに寄ってきて自分に「ちょっとペンを貸してほしい」とお願いしてきたというシチュエーション（コミュニケーション場面）を想定しましょう。このとき、頭の中はいろいろなものに注意を向けて同時にさまざまな情報の処理を行っています。

まず、立ち上がった相手に注意がいきますよね。その段階で「なぜあの人は立ち上がったんだろう」と思案します（つまりこの時点で注意は外の相手にも自分の思考（内面）にも向いています）。相手がこちらに近寄ってくるスピードにも注意を向けないといけません。ガーっと詰めてくるのとゆっくりやってくるのでは切迫感が違いますよね。当然ほかにも、相手の表情や声の強さ、また発言内容、それぞれに注意を向けて情報を処理し、目の前の状況判断を行います。

人は、これらの多岐にわたる情報をすべて処理したうえで、何をなすべきかを最終的にジャッジしているわけです。いつも当たり前のようにやっていますが、なかなか壮大なメカニズムですよね。シングルフォーカスの特性を持つ子どもは、こうした情報処理が苦手です。

ASDによくある「エコラリア」（オウム返し）

ASDのことばの特徴として代表的なのが、オウム返し（エコラリア）です。

大人が「誰々さん、○○してね」と声をかけると「○○してね」とそのまま返ってくるようなやりとりを指します。これを「即時性エコラリア」といいます。また、コマーシャルや歌の一部のフレーズを一人で口ずさんでいるようなものもあります。こちらは「遅延性エコラリア」といいます。

即時性エコラリアも遅延性エコラリアも、「コミュニケーション」という文脈で考えるとそれぞれ役割が異なります。例えば即時性エコラリアであれば相手の言っていることがわからない場面で出てくることが少なくありません。その場合、即時性エコラリアが持っているコミュニケーション上の役割は「わかりません」ということになります。

また、遅延性エコラリアが出るようなシチュエーションでは、エコラリアは子どもの立場に立てば「暇だな」「(目の前のことが) 面白くないな」「逃避したいな」といった (その後の行動につながる) 意味になります。

ことばを字義通りに解釈する

ＡＳＤはよく、ことばを字義通りに解釈する、と言われます。

例えば保護者の方に台所で「火を見ておいて」と言われると、コンロの火をずっと見ているのです。「火を見る」には、「調理をしている料理が焦げ付かないようにしてほしい。もし焦げ付きそうになった場合には火を止めてほしい」という言外の意味が存在しますが、同時に複数の意味を読み取り、そのすべてに意識を向けることは苦手だと言われています。

私の実体験も紹介しましょう。

セラピーを担当していた、知的な遅れを伴っていないＡＳＤの高校生が怒り心頭で私のところにやってきたことがあります。「学校で何があったの」と聞くと「現代国語の先生と喧嘩《けんか》になった」とのこと。詳しく事情を聞いていくと、次のような行き違いがあったそうです。

先生「物語文の読解では登場人物の気持ちになって読んでみよう」
本人「私はその登場人物じゃないので。その人にはなれません」
※おそらくここで先生は本人がふざけているとも思ったようですが、少し違和感を覚えて言い方を変えたようです。
先生「いや、だからもう少し行間を読んでみようよ」

本人「行と行の間に文字は書いてないので読めません」

本人は先生を小馬鹿にしようとしたのではないんです。素直に思ったことを口にしているだけで、それが先生に伝わらない（わかってもらえない）、というところに怒りを感じて私に聞いてほしいとやってきたようでした。

実際このときどうしたかは193ページで明かすとして、ASDの方はある意味「究極に素直に人のことばを解釈する」と理解してください。

事例「相手の反応でゲームに誘えなくなり固まってしまった」

小学校低学年の事例です。

コミュニケーション支援の一環で、「友達をゲームに誘うコミュニケーションスキル」を獲得しようとしていました。まず私と一対一での練習です。○×ゲームのようなすぐに決着がついて勝ち負けがあり、何回か連続してできるゲームを準備。ゲーム中のことばのやりとりも台本に書いて準備をしました。

ある程度一対一の場面で上手にやりとりができるようになったので、一歩進めて場所を職員室に移し、職員室の大人に対して一緒にゲームをやろうと誘うコミュニケーション場面を盛り込みました。

①まず相手の注意を適切にこちらに向ける
②そのうえで「一緒にゲームをしよう」と誘う
③相手が「いいよ」と言ったときはお礼を述べてルールを説明する
④「いまは忙しい」と言ったときは「また今度やろうね」と言って別の人に向かう

このようなスクリプト（コミュニケーション場面での台本）をまず準備しました。

本人には「5人の人とゲームをして星取表をつけて帰っておいで」と指示をしました。もちろん私は陰から見ていますし、前もって職員に「仕込み」をしていることは言うまでもありません。

こっそり見ていると3人目まで進んでいったのですが、4人目で本人が止まってしまっています。しばらく見ていても変化がなくその職員も困っていたのでやむなく私がそこに出て行くと、本人は「ＯＫって言った……」と固まっていたんです。つまり台本には「『いいよ』と言えばゲームに進む」とだけ書いてあり、予想にないことば（この場合はＯＫ）が返ってきたためどうしていいかわからず固まっていたわけです。

もちろん、「いいよ」と「ＯＫ」は同じ意味です。「それぐらいわかるやん」と思った方も結構多いかと思いますが、彼にとっては判断に困る状況だったわけです。

大人になってそのようなコミュニケーション場面に出くわした場合、ふざけてるのかなと勘違いする人もいるかもしれませんが、決してふざけているわけでも相手をバカにしているわけでもありません。少しニュアンスがずれただけでわからなくなることは少なくありません。その「違い」を丁寧に説明すると気づいてくれます。

抽象的なことばの使い方が難しい

ＡＳＤには、「抽象的なことばのイメージを持ちにくい」という特徴もあります。

例えば「ちょっと待って」「あと少し」といった表現です。これ、結構難しいですよね。こうした表現は、使う人によってその基準はまちまちです。相手が発達障害でないとしても、日常会話ではなるべく避けた方がいい表現だと私は思います。当たり前のように使う人は、自分の「ちょっと」が相手の「ちょっと」と同じであるという前提で話をしてしまうのでおかしくなるんです。

抽象的なことばのイメージを摑《つか》みにくいという傾向は、ＡＳＤに限らず、知的発達に遅れのある子どもでも同様です。いずれにしても、抽象的なことばの処理は難しく、負担がかかるんです。

ＡＳＤのお子さんが、親の「ちょっと待って」のことばには応じられないのに、電子レンジのカウントダウンはちゃんと待っていたりする、といった話もよく聞きます。「ちょっと待って」と電子レンジのカウントダウンの違いがわかりますか？　電子レンジはどこまで待てばいいのか「終わり」が見えること、あとどれだけ待てばいいのか目で見てわかるように示されていることです。抽象的でなく、具体的であること（それが場合によっては視覚的に示されること）が重要です。

■助詞の使い方

ＡＳＤは助詞の使い方が独特とも言われます。

すでに解説していますが、もう一度、助詞について復習しておきましょう。「お母さんがお父さんを怒った」という文を例に挙げると、お母さんのあとに「が」が付くことによってお母さんが主語となるわけです。また同じようにお父さんのあとに「を」が付くことによってお父さんが目的語になるわけです。この「が」とか「を」を手がかりにして、「ああなるほど、こういう状況なんだ」と状況をより正確に頭の中で思い描くことができます。

ＡＳＤの場合、助詞を使ったり、相手の話の理解の手がかりにしたりすることが難しい児童が比較的多いと言われています。

この助詞って結構難しいですよ。誰を出発点にして話しているのか理解しておかないといけないですし、行為や動作が及ぶ向きも理解しておかないといけません。つまり上手に助詞を使おうと思うと、状況を手早く察知し、同時に複数の情報を処理しながらそれぞれに役割を付与する、といったことが必要になります。

この、同時に複数の刺激を処理し、情報の価値を判断し、うまく1つの結果を導き出すといったプロセスの苦手さがまさにASDの特徴の中核であり、ことばの運用にこの特徴が表れてきた1つの形と理解することもできます。

余談になりますが、英語は日本語に比べてことばの順番がしっかりしていて、いわゆる文法上のことばの順番の規則語順が固いとも言えます。

逆に日本語は英語に比べるとことばの順番以上に、助詞から文全体が示す内容を理解する必要があり、表現の仕方は多様です。それが日本語の美しさであるのかもしれませんが、ASDにとってこのような日本語の特性はあまり相性がよいとは言えないかもしれません。

声の高さや大きさが独特

ことばの内容そのものではなく、発話の仕方にも特徴があります。よくASDでは、声の高さが一本調子であったり、声の大きさのコントロールが利きにくいといったエピソードを聞きます。

「声の高さ」や「声の大きさ」も、コミュニケーション上重要な役割を果たします。子どもはそこに着目し、実際のやりとりで役立った経験があってはじめてそうした機微を身につけます。ASDの子の独特な声の高さや大きさは、非言語的な情報に注目する経験がなかったり、そもそも非言語的な情報を読み解く力が特異的であったりするために起こる現象だと説明することができます。

そもそも言語情報ってやりとりでどの程度重要なの?

ところで、コミュニケーションを成立させるうえで一般的に人はどの程度、言語的な情報に依存しているかご存じでしょうか。

数多くの研究がありますが、いわゆる言語的な情報に依存する割合は全体の3~4割にすぎず、残りの6~7割は非言語的な情報に依存していると言われています。

つまり、ASDの子どもたちは、コミュニケーションの情報の半分以上の処理について、独特で苦手さを持っているということです。

同じ状況や同じことばを使っていても、おしゃべりの際の相手の表情やイントネーション、さらには自分と相手の距離（この場合は物理的な距離）も上手に活用しないと正確に状況を把握することが難しい。これらが「相手のことばを字義通りに解釈してしまう」「声の高さや大きさのコントロールが利きにくい」背景にあるわけです。

「自閉症スペクトラム障害の人は他人との距離感がとれない」という言い方は、「察するのが当たり前」の文化にすべての人を組み入れようとする、マジョリティーの姿勢の表れかもしれません。

「察する文化」がすべて悪いと言っているわけではありません。日本人的な道徳的観念や美徳に合致したものかもしれませんが、逆にこれが「排他の論理」を働かせて、特定の者を仲間はずれにし、差別や偏見を生んできたのも事実です。

ＡＳＤの方も、そうでない人と同じく、その成長の過程で人との距離感をちゃんと学習していきます。「大事なことはちゃんとことばにしないとわからない」。周囲の人は、こうした意識も持っておくべきだと思います。

「拒否や嫌、お断り」の表現が難しい子どもたち

「おにいちゃんとあそんでもらった」

これは、ＡＳＤの特性のある年長児の子どもが私に言ったことばです。セラピーに先立ってフリートークをしていました。私が「そう、楽しかった？」と聞いても、反応があまり返ってきません。ちらっとお母さんの方を見ると首を横に振っています。よくお聞きすると、「今日ランドセルに足型をつけて帰ってきたんです」とのことでした。おいおい、それは遊んでもらったじゃなくていじめられたって言うんだぞ……。

状況や場面に応じたことばの使い方があまり上手ではなく、逆にこちらがことばを額面通りにとってしまうと実際の状況とずれてしまうことは少なくありません。

ちょうど先ほど述べたように、非言語的なコミュニケーション情報を読み解くことも得意ではありません。こういった事情が積み重なって、上手にやんわり拒否をしたり、自分が嫌だという気持ちをうまく表現することが苦手な場合が多いです。

発達障害の特性の有無にかかわらず、我々も、仕事や学業など日常生活のやりとりにおいて「了解」よりも「拒否」のやりとりの方がストレスがかかりますよね。精神的に疲労するのはそれだけ頭を使っているからです。実は頭も体と同じように疲れるわけです（これを「認知資源」といいます）。

一般的に「断るのは大変」なのは、断った際の相手の反応を予測する必要があり、（結果として）引き受けるとき以上に相手の非言語的な情報をより詳細に注意深く分析する必要が生まれるからです。

さて、「自閉症スペクトラム障害の人は相手の気持ちがわからない」などといった偏見は、この子どもの事例に見えるようなディスコミュニケーションから生まれ出るものでもあると思います。「相手の気持ちがわからない」ではなくて「**相手の『気持ち』について実際と異なった結論を導き出してしまうことがある**（典型発達児に比べて多い）」がより正確かと思います。

ＡＳＤの方に対して「相手の気持ちをわかろうとしない」というのは極めて失礼な偏見です。「わかろうとしない」のは本質を知らない人の側です。

■ヘルプサインが出せること
——誘拐犯に間違えられそうになったお父さん

ある小学校入学前の知的発達の遅れを伴ったＡＳＤ特性のある男の子の事例を紹介します。

事例の前に前提から。コミュニケーション支援の究極の目的は、新たなスキルを身につけることによって自分も相手も納得できる形でやりとりを成り立たせてお互いが得をすることができる環境へと、少しでも高めていくことにあります。なので、人の助けを上手に借りるコミュニケーション手段の構築に関しては、（その子の理解力に応じて）可能であればできるだけ早めに介入を試みます。

端的に述べると、**人の手を借りるコミュニケーションスキル（ヘルプサイン）を早めに身につけておくと本人が得するし、諦めずに新たなことに取り組むこともできる、結果的に本人のできることも増える**というわけです。発達障害特性の有無にかかわらず、「助けて」を上手に言えない人は少なくありません。そういった人ほどいろんな苦労や悩みを背負い込んでいくことになるわけです。将来的な精神衛生にもよくないですよね。

紹介する男の子は、ヘルプサインつまり人の手を借りる要求のコミュニケーション行動はほとんどなく、興味のある遊びやおもちゃでも、自分だけでは何とかならないと思うとそこから離れてしまうことが多々ありました。

そこで、人の手を借りるいわゆるヘルプサインの支援をしたわけです。本人の好きな遊びの場面を準備して、私と二人でやりとりをします。ギリギリ自分だけだとやりたい遊びが達成できない状況を作っておいて、私に「助けて」と要求をするというようなコミュニケーション場面を作りました。

要は、本当に「やりたいなあ」と思える状況を作って、その中で実際にとるべきコミュニケーション行動を教えて、自分の望んだやりたいことが達成できる（最後まで諦めずにできる）状況を作ろうとしたわけです。

セラピーはそこそこうまくいっていたのですが、土日を挟んだあと、保護者の方から「あの『助けて』っていうの、やめてもらえませんか」と相談がありました。

その子をつれて保護者の方がデパートに買い物に行ったそうです。お母さんが買い物をしている間、お父さんが子どもを抱っこしてベンチに腰掛けていたところ、たまたま（その子の）興味のあるものが目に入って何とかお父さんの腕を抜け出してそこに行こうとしました。

お父さんも何とか頑張っていたんですけれども、ちょうどそのタイミングでデパートの警備員の方が横を通り、その子は警備員さんの方に向かって手を出して「助けて」とヘルプサインを出したそうです。そりゃ焦りますよね。誘拐犯か何かと間違えられそうです。

結局、「助けて」を「手伝って」に変えてセラピーは継続しました。ＡＳＤのコミュニケーションの質的障害の典型的なエピソードだと言えます。つまりことばの使い方としては基本的には間違っていないけれども、その場でその相手に対して使うか、というところで少し困ったことが起きてしまうわけです。

相手の顔を見て噴き出してしまう、ある意味正直な人たち

ある施設に行ったときの話です。

職員さんが子どもに向けて「ものすごい形相」を見せていました。

一体何をしているのかとその職員さんに質問すると、「先生、この子は私が怒ってるっていうことわかってないんですよ。だからちゃんと伝わるようにはっきり表情に出そうと思って……」と。その職員さんは熱い思いで一生懸命子どもと向き合おうとしていたんでしょうね。

ただ、残念ながら、よい方法とは言えません。

もし、この職員さんのやり方が有効であるとするならば、「ASDの人が相手の表情を認識する方法は特性がない人とまったく同じ」という前提（仮説）に立っていることになります。その前提に立つと「ASDの人が相手の表情から気持ちを推測することができないのはそういった力が弱い、あるいはないからだ」ということになってしまいます。

これは、そもそも最初の部分で誤解が生じています。最近の研究では、ＡＳＤの特性のある方が相手の表情を認知する際にどこを見るか、またどのように捉えるか、その過程自体が独特（特異的）であるということが明らかになっています。要は相手の表情から気持ちを推測するプロセス自体が我々とは少し違うわけです。

ここで誤解がないように言っておくと、発達障害の特性がない人たちは全員が全員同じように相手の表情からその気持ちを推測しているかというと、これもまた事実とは異なります。そもそもこのプロセスは個人差が結構大きいことに注意が必要です。

さて、職員さんの形相はどういう効果をもたらしていたでしょうか。職員さんがワーッと眉を吊《つ》り上げて怒った表情を見せると、その顔を見て子どもは思わず噴き出してしまっていたのです。表情が滑稽《こっけい》に映ったんですね。

大切なのは表情を見せることではなくて、どういう状況（文脈）でその表情になったのかを本人にわかるように伝えておくことです。表情だけ切り出してしまうと本当に何のことだかわからなくなってしまいますからね。

同様のエピソードは結構たくさん耳にします。「この状況がわかっているなら笑うところじゃないだろう」というようなシチュエーションで思わず声を出して笑ってしまったり、ほかの人が反応しないことばについ反応してしまったり、といったものです。大人になっても、上司が顔を真っ赤にして説諭《せつゆ》を加えているにもかかわらず、その顔を見てつい噴き出してしまった人が……といったエピソードもよく耳にします。

その人たちは決してふざけているわけでも場を乱してやろうというような悪意があるわけでもありません。逆に彼ら自身も戸惑っている場合が多いのです。

さて、自閉症スペクトラム障害（ASD）のコミュニケーションについてはいったんこのあたりで終えておいて、今度は同じ発達障害でも注意欠如・多動性障害（ADHD）について見ていきましょう。

コラム　現在の幼児への発達支援の問題点

田園調布学園大学教授
黒田美保

現在の発達支援の問題点はいくつかありますが、専門性が蔑《ないがし》ろにされているということが、今の私の大きな嘆きの1つです。

障害福祉サービスは、国によって報酬体系が決められています。2024年4月にも報酬改定があり、障害児通所支援事業では、専門家による1時間の個別指導よりも、単に療育時間を長く設定した方が報酬単価が高くなりました。

さらには、専門職であることによる報酬加算が撤廃され、勤務年数に応じた加算になり、このことを知ったとき私は、驚きを通り越して絶望しました。今回の報酬改定後も、実際に専門職がセッションをするともちろんそれには加算がつくのですが、それでも以前より後退した気がしてすっきりしません。

専門職が、例えば公認心理師なら子どもの発達水準を、言語聴覚士（ＳＴ）なら子どものコミュニケーション能力を、作業療法士（ＯＴ）なら子どもの巧緻《こうち》性や感覚面をアセスメントして、それに子どもの発達特性を加味したうえで、目標を立て、支援を行っていく。そんな当たり前のことを、日本ではできている施設が少ないことが大きな問題でした。

しかも、いままで国も、専門的アセスメントをしたうえでの発達支援を応援してくれていたのに、今回、専門家が子どもの発達支援をすることにあまり価値を見出していないということが判明して、本当に悲しい限りです。日本の発達支援はどこに向かうのでしょうか？　次の改定では、以前の正しい道に戻らなければなりません、絶対に！

さて、次の問題は、専門職で発達支援に携わっている人に見られるのですが、子どもの興味・関心に合わせていないということです。これは大きな問題です。

子どもが好きなものではなく、「りんご」とか「みかん」とか「くつ」とか「シャツ」とか、興味のないものを生活のうえで必要だからと名称を覚えることを押し付けようとする専門家もいます。こうした発達支援は本当に嫌だと思います。生活の役に立つから、将来の子どものためだからって？　必要になったら、子どもは自発的に覚えるのではないでしょうか。子どもたちの「いま」を大事にしてあげたいと思います。好きなアンパンマンやポケモンの名前を一緒に覚えたりして、そこからつなげて「走っている」「進化した」などと教えていけばよいのではないかと思います。

つまり、チャイルド・センタードで取り組んでほしいと思うのです。「子どもが見てくれない」「この子は人の目を見ない」ではなく、子どもの視野の中に入り、子どもが好きなものを使って関わっていくことが、アセスメントと支援法を学んだ専門家が次に目指すべきものでしょう。

現在、私は、自閉症スペクトラム障害の幼児へのアプローチとして、ＥＳＤＭ（Early Start Denver Model）やＪＡＳＰＥＲ（Joint Attention, Symbolic Play, Engagement and Regulation）といったプログラムを行っていますが、この２つは自然な発達的行動介入と言われる方法です。

子どもの発達段階を大切にして、子どもの興味・関心を大人が共有することで、自然なやりとりを促進していきます。子どもに指導的に関わることはなく、子どもの真似をすることを基本とする方法です。

もちろん、子どもに関わるすべての人がＥＳＤＭやＪＡＳＰＥＲの公式のセラピストになる必要はないと思いますが、読者の皆さんもそのコンセプトをぜひ学んで、子どもに接してほしいと思います。

発達支援は、子どもがつらい思いをして頑張ったり、家族の誰かが我慢をしたりするものではないと思うのです。子どもの好きなことを大切にしながら、その子らしいやり方で社会で暮らす力が身につくようにお手伝いすることだと私は思っています。

第4章

注意欠如・多動性障害（ADHD）のことばとコミュニケーション

注意欠如・多動性障害って？

「忘れ物が多い」
「落ち着きがなくじっとしていられない」
「すぐに立ち歩く」
「飽きっぽい」
「行動が衝動的だ」
「1つのことに集中できない」……

注意欠如・多動性障害（ADHD）の子どもの一般的なイメージとしては、こういったものが挙がってくるのではないでしょうか。確かにどれも特徴として当てはまりますが、「幅が広いな」「どの程度から問題なのか？」と感じられた方も少なくないと思います。ADHDは主に「注意」の問題と、「多動・衝動性」の問題の2つの側面から成り立ちます。

多動・衝動性の背景に、自分の行動や感情をコントロールする力、注意力の問題の背景に、注意を向けたり、振り分けたりする注意機能の働きがあり、脳の中でも前頭葉の一部である前頭前野という領域がこれら2つの力や働きに密接に関わっていることが明らかになっています。前頭前野は脳のほかの領域と密接にネットワークを張り巡らし、いわば「管理職」としてさまざまな活動を維持します。

冒頭に挙げたような行動上の問題は自制心や忍耐にかかる、保護者の「しつけ」の問題と考えられてきた時代が長く続きました。環境要因は重要ではありますが、特性を無視した「しつけ」は結果として自己肯定感の低下を招き、他者との関係性にも影響を及ぼしかねません。

ADHD特性の場合、特に自分の特性を自分自身で知ること、そして「どうすればできるか」を細かな成功体験とともに体感していくことが重要です。本章では、その視点から説明を加えていきたいと思います。

「注意欠如・多動性障害」の歴史

発達障害の診断の基準は、メジャーなものではアメリカ精神医学会が作成した診断基準（現在はＤＳＭ－５－ＴＲ）と世界保健機関が作成した診断基準（現在はＩＣＤ－11）の２つがあります。

実は注意欠如・多動性障害がこれらの基準で発達障害の１つとされたのは、ごく最近のことです。注意欠如・多動性障害はおよそ10年前まで「注意欠陥・多動性障害」と呼ばれており、自閉症スペクトラム障害（ＡＳＤ）や学習障害とは別枠の「行為や行動の障害」とされていました。

当時は、小児期のＡＤＨＤが成人期に崩壊性行動障害や非行に移行する可能性があると言われていました。これは、衝動性や注意力の問題が学業や社会的適応に影響を与え、行動上の問題につながる可能性があるとされたためです。

実際はそうではなく、バタバタしようと思ってバタバタしているわけではない、意識していないから（集中していないから）忘れっぽいというわけではない、というところをぜひ理解していただきたいです。

前頭前野の働き

行動や感情を組み立てて制御するメカニズムや、その基盤ともなる効率よく注意を向けたりする働きは、大脳皮質の中の「前頭前野」という領域がいろいろな領域とネットワークを構築して（処理を）担当しています。そもそもこの前頭前野は大脳皮質の中でほかの領域から情報を吸い上げて指令を送る司令塔の役割を果たし、大脳皮質の中でも成熟が最も遅く思春期にまで至るといわれています。「注意」というのも情報処理のプロセスの1つであり、いろんな活動のとっかかりに相当します。

私たちがよくざっくりと「注意力がないね」「集中できないね」と評する現象は、正確に言うと「注意という心の働きを自分で上手にコントロールすることが難しい状況あるいは幼い状況」であり、「バタバタして落ち着きがないね」というのも正確には「行動を組み立てたり制御する心の働きが特徴的であったりバランスが悪かったりまだまだ未成熟な状態にある」と言えるでしょう。

よく「子どもは多動で衝動的」と言われますが、その背景がここにあります。確かに幼児の段階ではまだ充分に全体を制御できていないわけです。

実際に発症率（いわゆる医学モデルでの障害）に関してもＡＤＨＤは幼児期・児童期が高いです。私が保育園などで気になる子どもの発達相談を引き受けた際に一番多かったのが、「行動面と落ち着き」に関する相談でした。また注意の働きや行動を制御する働きは幼児期から児童期にかけて一気に伸びることも明らかになっています。なので年齢が少し変われば、また理解力も変われば、表面上見える行動の落ち着きはぐっと変化してきます。

さらに前頭前野の成熟には男女差があることも明らかになっており、男性に比べて女性の方が成熟が早いのが特徴です。思春期の男の子がちょっと悪さをしてしまうのも、男の子の方が勉強や課題の管理に少々だらしなく映るのもこのためだと言えます（つまり異性と比較してよい悪いというのはよろしくない声かけです）。

ADHDに関するよくある誤解

注意欠如・多動性障害は、注意の問題と多動・衝動性の問題の2つの特徴から成り立っていることが名前からもわかります。実際にも、不注意が際立つタイプと多動・衝動性が際立つタイプ、またそれらが混合するタイプの3つに分かれます（混合タイプが一番多いと言われています）。

ただ、難しいのは注意の問題や多動・衝動性の問題は外から見ていると何によって引き起こされたものなのか判断しにくい点です。さらに問題を複雑にしているのが、落ち着きのない行動や注意力の低下の背景にはさまざまな理由が隠れていることがあることです。

例えば、身体的な不調があれば明らかに落ち着きはなくなります。アトピー性皮膚炎が気になったり、空腹で集中できなかったり、寝不足で覚醒が上がっていなかったり、といったわかりやすいが意外と見逃されやすいものから複雑なものまで、さまざまなストレスがあります。

以前、奥村智人先生（大阪医科薬科大学小児高次脳機能研究所）らと行った共同研究の結果では、小学校の先生が「落ち着きがない」あるいは「社会性が低い」と判断した要因の15％程度が、実は「言ってることがよくわからないから」あるいは「どう返したらいいかわからないから」（結果としてそわそわばたばたする）といった要因で説明できるものでした。

つまり、よく理解できない状況そのものや、あるいは状況に合わせたコミュニケーション行動をとることの苦手さや弱さがあるために「落ち着きがない」と判断されている場合もあるわけです。

ということは当然、例えば知的な発達に問題を抱える場合は、ＡＳＤが影響してＡＤＨＤと判断されてしまう場合もあるわけです。

本当のところは、直接的な行動だけを見て判断するのではなく、俯瞰してその児童全体を捉え直すことが必要です。

実行機能
――自分の気持ちや活動をコントロールするメカニズム

行動や思考そして感情をあるときは高め、あるときは抑える。この働きを担うのが「実行機能」です。ADHDの特性のある子どもたちはこの働きが充分に育っていなかったり、偏りがあったりすると言われています。先ほどの話で出てきた前頭前野の働きであり、発達に男女差があるといったのがまさにこれです。

この実行機能というのは、2つに分けて考えておく必要があります。活動を円滑に行うべく行動を組み立てていく働き(目的思考行動にかかる実行機能)と社会生活を円滑に行うべく感情をコントロールしていく働き（社会的行動にかかる実行機能）の2つです。前者は活動を組み立てていく側面（活動面の実行機能）であり、後者は感情をコントロールしている側面（感情面の実行機能）を指します。

最近、幼児教育でも耳にすることが多くなった「非認知的能力」と呼ばれるものの中核の1つがこの実行機能であるとされています。「非認知的能力」とは、ざっくり述べると、実行機能だけでなく広く社会生活の維持に重要なコミュニケーションスキルや問題解決能力を指します。もう少し詳しい話は、森口佑介先生のコラム（178ページ）をお読みください。

なお、巷《ちまた》で言われる「非認知能力は測定できない能力」というのは誤りで、最初に非認知（的）能力を提案したヘックマンは「学力テストや知能検査で測ろうとしているものではない能力」と言っています。

最近では「大人の発達障害」といったことばもあり（独り歩きしていて危険に感じています）、大人になってはじめて出現する「遅発性のADHD」と主張される方もいます。

ただ、大人になって「ADHDでは？」と指摘されるタイプの方の実行機能を振り返って確認すると、「感情面の実行機能」の弱さを抱えていたのではないか、と思われるエピソードが多いのが事実です。行動面が年齢相応にしっかりしていると（感情面は個性や性格の範囲と捉えられやすく）、意外と目立たないのかもしれませんね。

この感情面の実行機能に関して誤解してはいけないのは、必ずしも「大人の言うことをよく聞いてくれる＝感情面の実行機能が高い」というわけではないという点です。もしかすると感情表出の手段が未熟だったり、上手に学習できていないために、結果として「言われたことを受け入れる」というやりとりのパターンをとっているだけかもしれません。やっぱり、一側面だけを見ていてはいけないわけです。

そもそも「注意」って？

さて、次は注意の働きについて考えてみましょう。注意欠如や不注意と簡単に言いますが、「注意」※とはそもそも何なのでしょうか。改めて考えてみましょう。

注意の働きとは、さまざまな刺激に対して意識を向けたり切り替えたりするプロセスであり、すべての認知活動の土台です。意識を向ける対象は、実際目に見えるもの、あるいは聞こえるものだけではなく、人は自分の心の中の思いや考えといったものにも注意を向けます。

また注意の働きが生じるメカニズムについても、自ら向けようとする場合（能動的

※ここでは能動的注意の働きを指します。

注意）と、周りの刺激から注意を向けさせられてしまう場合（受動的注意）の2つがあります。この2つの観点は子どもとの円滑なコミュニケーションをとるうえで重要なポイントとなります。

もう1つの大事なポイントが、注意を向けたり、また勝手に注意を向けさせられた場合もそのたびごとに認知資源（エネルギー）を消費する点です。つまり注意の働きをエンジン、認知資源をガソリンと例えると、知らないうちに車が走らされて燃料タンクがいつの間にか空になっていているなんてこともあるわけです。

もちろん燃料タンクの大きさには個人差があります。ですが、燃料タンクが小さければすぐに注意の問題を抱える、とはなりません（もちろんリスクは高いです）。

燃料タンクが大きくても燃費の悪いエンジンを積んでいたり、燃費が悪くなるほかの要因があったりすると認知資源はすぐに底をついてしまいますし、逆に燃料タンクが小さくても上手にやりくりをする、つまり燃費のいいエンジンを積んで状況に合わせて効率的な使い方をすれば長く走れます。

ガソリンである「認知資源」は、休むとそれなりに回復するという特徴があります。

給油ですね。ただ完全に空っぽになると回復に時間を要します。このことは、楽しく目の前の課題や活動に従事するために子どもたちにどこまで頑張ってもらうか、を考える1つのポイントになります。

さらにADHDの特性として、「自分の認知資源の総量に気づきにくい」という点があります。**あとどれぐらい走るとガソリンが尽きてしまうのかという情報がないまま突っ走ってしまいやすい傾向**にあると言えます。その結果、目の前のことに全力を注いで一生懸命になりやすいんです。

注意の「4つの働き」

いま説明したことを前提条件として、注意の働きを4つに分けて説明したいと思います。先に2つの基盤的な注意の働き、その後で2つの応用的な働きを説明します。

最初の注意の働きは、**「向ける注意」（選択的注意）**です。特定の対象や思いに対してフォーカスするプロセスを指します。このプロセスの中には、しっかり必要なものに注意を向けるために必要のないものには注意を向けない「排他的注意」のプロセスを含みます。周りが騒がしい中で友達と話をしているとき、相手の話に集中しようとすると、この排他的注意を働かせるわけです。

もう1つの基盤的な注意の働きが、「**向け続ける注意**」(**持続的注意**)の働きです。注意を向けたものに対して一定時間それを持続するプロセスを指します。よく皆さんが集中力と呼んでいるものに一番近いと思います。

この持続的注意には(実は基盤的な2つの注意の働きはいずれも)、健康状態や覚醒の程度をはじめいろいろなものが影響してしまうので「集中できていない」というのもあくまで多くの理由の1つの結果として考えておかないと実態を見誤る可能性があります。

例えば、皆さんも自分の興味のあることに比べて自分の興味のないことは時間の過ぎ方がゆっくりしますよね。終わりの見えている作業に比べて終わりの見えない作業はしんどいですよね。これらが持続的注意の特徴であり、また支援の手がかりにもなります。

次に、応用的な注意の働き2つを説明します。

１つ目が「**切り替える注意**」（**転換的注意**）になります。あるものに向けた注意を引き剝《は》がしてまた別のものに注意を向け直す働きを指します。ここで覚えておいてほしいことは、「いったん向けた注意を引き剝がすのにはそれなりに認知資源を消費する」「注意を切り替えるのが苦手な人にとっては切り替えるきっかけが必要」ということです。

目の前のものにこだわっているとなかなかこの転換的注意の働きが機能しませんし、切り替えるためには目の前のものに注意を向けつつ活動の流れ全体を見ながら次に注意を向けることにも意識を払っていかないといけません。

よってＡＳＤ特性のある人など活動の流れを見通すことが苦手な人にとっても、この働きは苦手となります。コミュニケーションという観点からもこの転換的注意は結構大事です。

そして、注意を向ける対象は具体的なものだけではありません。「話題」も注意を向ける対象になります。話題がコロコロ変わる人にお話を合わせていくのは疲れますよね。これは転換的注意を無理やり働かせられることによって認知資源が一気に消費されたことを自覚し、「疲れた」と感じるわけです。

最後の働きが**「振り分ける注意」（配分的注意）**になります。勉強や仕事、また人とコミュニケーションをとっていく中で、「1つのものにだけ注意を向ければいい状況」は限られますよね。例えば学校で授業を受けている際も、先生のお話に耳を傾けながら黒板にも注意を向けて、自分の手元のノートや教科書にも注意を向けて、ときには今日は家に帰ったら何して遊ぼうかという内側の気持ちにも注意を向けたりします。

このように、「振り分ける注意」とは、同時に複数の対象に注意を振り分ける働きを指します。

ライフステージで変わる注意や落ち着き

幼児期においては誰もが多動であり、衝動的であり、不注意であると言われます。言い換えれば、幼児期から児童期また青年期にかけてこれらの状態は大きく変化することを、あらかじめ考慮に入れておく必要があります。

ADHDの発症率を見ても、児童期では5％程度に対し青年期では3％程度と差があります。児童期の報告ではもう少し多い報告もあります（どこからどこまでをADHDとするかによって変わります）。

また、発達障害の特性（この場面ではADHD特性）がある児童生徒の場合も、思春期初期から青年期初期にかけて、行動が落ち着いてきたり、不注意の症状が少し改善したりしていると周りの目に映ることがあります。こういった変化は特性そのものが改善したと考えるのではなくて、不注意な自分の状態にある程度気づくことによって自分で何らかの形でそれを補おうと工夫できるようになったと考えておいた方がいいでしょう。

根本的に特性が変わる、というのと、いろいろな手段を駆使して状況をクリアする（結果として問題となる状況が減る）、というのは同じではありません。後者の場合は当然、成長しても初めて体験する場面やストレスがかかった場面で特性が顔を出してきたりするわけです。

特に男性では思春期ごろに、感情面の実行機能である「状況に合わせて気持ちを高めたり抑えたりする働き」のバランスが崩れ、高める方が優勢になります（抑える力が下がる）。これはある程度生物学的に説明ができる現象で、この状況で無理やり抑え込もうとすると当然、養育者と子どもとの関係に影を落とします。

忘れ物や落とし物が多いのはなぜ？

さて、注意についての前提理解が深まったところで話を進めてまいりましょう。

不注意だから忘れ物が多くなる？

確かにそうかもしれませんが、実は不注意だとわかっていながら不注意に一層負荷をかけて結果として忘れ物を増やしている場合があるんです。

朝忙しく会社や学校に行く準備をしているところで、「鍵持った!?」「プリント入れた!?」といろいろと言えば言うほど忘れ物が増える（よくあるのは、予想もしない何かを忘れてしまう）。子どもとのこんな経験はありませんか？

先ほど述べましたが、注意を向ける、また向けた注意を維持する（向け続ける）には、それ相応にリソース（認知資源）を消費します。そこに別の声かけ（「ちゃんと〇〇持った!?」）が入ってくるわけです。そうすると、いったん別のものに向けていた注意が引き剝がされて、（結局はどうでもいい）別の声かけに注意を向け直さないといけないわけです。

無理やり注意を引き剝がされると、自分で注意を向けるより多くの認知資源が持っていかれます。認知資源は有限ですから、別のものに向けた注意を弱めて補おうとします。そして一定以上減ったところは、せっかく向けた注意が外れてしまい、「忘れた」という状況が出来上がるわけです。

さらに、「絶対今日は忘れ物しないようにしなきゃ！」と考えている状態はそれだけ多くのものにすでに注意を振り分けてがっつりと認知資源を投入している状態（すでに余裕がない状態）ですので、よりその傾向が顕著になります。困りますね。

ここでのポイントは、声をかける側もかけられる側ももちろん悪気はないし、「忘れ物をしないようにしよう！」という意識は同じであること、にもかかわらず嫌な気持ちしか残らないところですね。**伝わるやりとり、伝えるやりとりを考えるうえでもこの認知資源の観点（そしていかに節約するか）は重要**です。

片付けができなくなるのはなぜ？

「『ADHD』って片付けができない人のことでしょ？」

こういった印象をお持ちの方もいるようですね。「片付け」（整理整頓）を掘り下げてみましょう。

片付けるには、まず、広がっている状況を把握する必要があります。次いで、ゴール（片付けができた状況）を想定する必要があります。そのうえで、何をどれだけ片付ける必要があるのかを考えて手順を決めます。つまり、行動の実行機能にかかる負荷が高いのです。言い換えれば、実行機能の弱さがあれば、「片付け」（といった場面）に影響が出やすいわけです。

発達障害や子育てから話が変わりますが似た話として、認知症も最初に周囲が気づくきっかけとして、「最近家事がうまく回っていないような……」（実行機能[※]の低下）というものが多いことも事実です。家事全般を一人でこなそうとすると、実行機能に

※認知症の場合、遂行機能といいます。

かかる負荷は高くなるわけです。

片付けに話を戻すと、自分自身の苦手さを痛感している人ほど（きちんと片付けるために）自分でたくさんのルールを作って、それを守ることができなくなる悪循環を繰り返す傾向にあります。

時間管理がうまくできないのはなぜ？

活動や行動の見通しを立てていく実行機能に課題を抱えていると、当然、スケジュール管理にも影響を及ぼします。一つひとつのタスクを「いつまでにできるか」という見積もりが甘くなり、後ろのスケジュールに影響が出てくるわけです。さらに注意機能の弱さを抱えると、スケジュール帳に書いてリマインドしておこうとしても、書くことや書いたこと自体を「忘れる」ことも起こるわけです。

片付け同様に、忘れないようにしようと一生懸命いろんなルールを作ってしまい、余計に注意の負荷を高めてしまう負のループにはまることも少なくありません。手帳やガジェット、アプリケーションや方法だけが増えていってそれをじっくり使い込むことができないといった状況も少なくありません。実際の支援では「いかに約束を少なくするか」がポイントになります。

やりたくてやってるわけではない「過集中」

ＡＤＨＤの特性の1つとして、認知資源を車のガソリンに例えて「あとどれぐらい走れるかイメージするのが苦手（自分の認知資源の限界のイメージがつきにくい）」ということを述べました。つまり結果として燃費が悪くなってしまいます。

課題に集中する注意のプロセスをエンジン、それを働かせるガソリンを認知資源と例えたわけですが、この例えに従い、もう1つの特性についても述べておきたいと思います。

このエンジンは単に燃費が悪いだけでなく、温まりにくく、温まると冷めにくい、という特徴があります（まさにターボエンジンのように）。つまりスイッチが入りにくい。また入ったら入りっぱなしになるので、ほかのことを全部すっ飛ばして目の前のことに集中してしまうこともあります。このような状態を「過集中」と呼びます。

活動や行動を組み立てることが苦手である実行機能の課題はときとして、可能・不可能を考えずにチャレンジする活力になる可能性がありますし、スイッチが入りにくく入ったら冷めにくい特性は状況によっては「先のことを考えずにやり抜く信念」と映る場合もあるでしょう。

言い方を変えれば「過集中」の状態は発達障害特性のある児童が（よし悪しは別にして）獲得した代償手段と言えます。あくまで代償手段なのでものすごく疲れますし、スイッチが入りにくく冷めにくい特性を反映した結果と言えます。

周りの人が「こんなの簡単にできるやろ」というものでも一歩踏み出すのにものすごく時間がかかったり、「これはなかなか難しいのでは」という予想に反してなぜか一歩踏み出せたりするのも、こういった特性を反映した結果と言えます。

こういったところはある意味、状況によってはその人の可能性を大きく拡大させる特性ともなりますが、見通しの立て方が上手でないと、目先のわかりやすい報酬についつい飛びつきやすくなることも明らかになっています。発達障害の特性だけではなく、むしろそれ以外の能力との関係性の中でその人の生活しやすさは決まります。発達障害の特性の有無だけに囚われすぎないようにする必要があります。

「早くしなさい」はボタンの掛け違いに

「うちの子、宿題やれって言っても全然やらないんですよ」

よく聞くセリフです。長期休みの終わりぐらいになると、続けて「でね、結局最後の2日ぐらいで徹夜していっぺんにやってしまうんです……。そこでできるんだったら最初から計画立ててやれって言うんですけどね。どうしてやらないんでしょうか」といった話が続くことが多いのではないでしょうか。

実は、この中にはADHDの特性のある人が絶対言われたくないセリフがちりばめられています。

まずこの現象を少し読み解いてみましょう。単に集中力の問題というよりは、「計画的に宿題をこなす」＝「プランニング」、いわゆる実行機能にかかる負荷が大きく、休みが長くなればなるほど負荷は大きくなるわけです。

最初から楽をしようと思っているわけではないんです。自分なりに一生懸命見通しを立てようとして、そして立てたそばからどんどん崩壊していて最終的に……。よくないよなぁ……と自分でも意識しているところで、「だから早くやりなさいって言ったじゃない」「ちゃんと計画を立てて」という声かけ。これらは、本人がそれなりに意識しているできないことを、ことばを変えてやっぱりできないよねと言っているだけになります。

ましてや必死で追い込んでできたあとに「日頃からそうやって頑張ればいいのよ」と言われると、「どれだけ大変な思いをしているのかわかってるのか」とADHDの特性のある子は思っているかもしれません。

こういったボタンの掛け違いは決して小さいものではなく「大人は自分のことをわかってくれない」という思いにつながります。お互いにとって生産的ではないですよね。

コラム　いま注目を浴びる「非認知能力」とは何か

京都大学准教授——森口佑介

非認知能力とは、ソフト・スキルや社会的情緒的スキルとも呼ばれ、問題解決能力、批判的思考能力、教科の知識など、学力や認知能力とは異なる一連の能力を指します。これらのスキルは、社会的状況を切り抜け、感情を管理し、他者と効果的に交流することを可能にするため、個人的な成功や仕事上の成功にとって極めて重要であることが知られています。

特に、子どものときの自制心や向社会的行動などの一部の非認知能力が、のちの学力や友人関係、心身の健康、職業などを予測することが相次いで示されており（Moffitt et al., 2011）、子どものときのこの能力をいかに育むかが世界中で教育・保育関係者の注目の的になっています。

非認知能力は生まれつきの特性ではなく、教育・保育、子育て、訓練、支援を通じて身につけ、育てることができる行動や考え方である点には留意しましょう。学業成績やテストの点数に重きを置きがちな従来の教育現場では、こうした能力は見過ごされたり、過小評価されたりすることが多いです。

ただ、「非認知」ということばは誤解を招きやすいので注意が必要です。

ここでは3点挙げておきます。

1つは、これらの能力にはさまざまな認知プロセスが関わっており、認知能力と完全に切り離されているわけではないということがあります。

もう1つは、このことばは、使う人によって指す内容が異なるマジックワードになっており、教育ビジネスや教育評論家によるエセ科学に利用されている現状があります。

最後に、標準化されたテストがある学力や知能と比べると非認知能力を測定することは容易ではありません。しかしながら近年では、さまざまな年齢の子どもを対象にした行動課題や行動観察、質問紙などのような測定方法が開発されています。

重要な点として、非認知能力は、虐待や不適切な子育てによって深刻な影響を受ける可能性がある点があります。子どもが安心・安全を感じられる環境下でなければ、非認知能力は充分に育まれません。子どもの周囲の大人は、この点に留意する必要があります。

非認知能力として代表的なものとして、自制心、粘り強さ、向社会的行動、感情知性などがあります（森口，2023）。

自制心とは、目標に向かって行動や欲求を制御する力で、粘り強さとは目標に向けて作業をやり抜く力であり、両者ともに目標を達成するために必要な力です。また、向社会的行動とは、他者へ思いやりを示すことであり、感情知性とは、自分や他人の感情を理解し、状況に応じて調整する力のことを指し、どちらも他者と付き合うために必要な力です。

障害のある子どもを対象にした研究はまだ充分ではありませんが、自閉症スペクトラム障害や注意欠如・多動性障害の子どもは、定型発達の子どもと比べると、自制心などの一部の非認知能力の成績が悪いという知見もあり、発達経路が異なるのか、遅いのかなどの議論もあります（森口，２０１８）。今後の研究に期待したいところです。

参考文献

Moffitt, T. E., Arseneault, L., Belsky, D., Dickson, N., Hancox, R. J., Harrington, H., ... & Caspi, A. (2011). A gradient of childhood self-control predicts health, wealth, and public safety. Proceedings of the national Academy of Sciences, 108(7), 2693-2698.
森口佑介（２０１８）『自己制御の発達と支援』金子書房
森口佑介（２０２３）『10代の脳とうまくつきあう――非認知能力の大事な役割』ちくまプリマー新書

第5章

発達障害の子どもに伝わることば・コミュニケーション

この章を読み解くうえでの5つのポイント

ポイント①「障害を治す」のではなく「生活しやすさを拡大する」

そもそも、教育や療育の目標は「皆と同じにする」ことではありません。そういう誤解を与えた時代もありましたが、今では「典型発達にするために療育や支援を行う」といった考え方は時代にそぐわないものになっています。ただ単にいまの常識ありきで「典型発達に近づけること」を目標にした療育は、療育ではなく「矯正」です。

子ども一人ひとりの「なりたい自分」、将来に向けてできることを一つひとつ増やしていった結果、生活しやすさが拡大し、選択の幅が広がっている、といった方向が本来の教育や療育のあるべき姿ですし、「家庭」という大事な生活場面でも常に意識しておきたい点です。「典型発達に近づけること」と「できることを増やしていった先に典型発達と同様の生活しやすさがある」は似て非なるものです。

前者は「障害の診断に囚われたもの」、後者は「その人の生活に向き合うもの」です。後者の立場に立つことで、視野も広がります。**「発達障害を治す」という観点ではなく、**

本人と保護者の「らしさ」を大切にしたうえで「(本人と保護者が)楽しく生活を送るために家庭としてできることは何か、を考える観点に立ちましょう。

ポイント② 一人で頑張ることの弊害

家庭には家庭の、療育機関には療育機関の、医療には医療の役割があります。「家庭」は病院でも訓練機関でもありません。そこで無理して「私がこの子の障害を何とかしないと！」となると家庭本来の役割が損なわれ、さらには養育者に過剰な負担がかかり、その精神健康を損ないかねません。

家庭でできること、またやるべきことは、日常生活での「楽しい」「面白い」「やってみた」「できた」「(周囲からの)いいね」の積み重ねです。生活を楽しむためにはできる限り外から煽《あお》られる不安の芽を摘み取り、「楽しめない」要因を減らしていくことです。

ポイント③極論から距離をとる

昨今、発達障害をはじめそもそも「障害って何だろう」と世間の捉え方や考え方が大きく変化する過渡期に差し掛かっています。こういった過渡期にはさまざまな（ときに偏った）考え方が出てきます。極端なものでは思いっきり発達障害特性を矯正しようとするような考え方もありますし、逆に「世界が発達障害を受け入れるように変わればよい（障害特性に「手を加える」なんてもってのほか）」といったものもあります。

極論はスカッと爽快な切れ味を発揮するかもしれませんが、かなり危うく、目の前の子どもたちの困り感とは別の次元での話になりがちです。

そもそも「典型発達（健常）と障害」の分け方がいかに恣意的で曖昧なものかはいままで述べてきた通りです。特定の「スカッと極論」にすがってしまうと、いろいろと自分で考え、判断する必要は少なくなります。少し気持ちは楽になるかもしれません。

ただ、この手の極論は一時凌《しの》ぎの鎮痛剤みたいなものにすぎません。極論は個人かその個人が所属する社会（その一番小さい集団が家族）にしわ寄せとなって現れます。誰かにとっての一時的な安心は、誰かにとっての不幸と、のちの自分自身の不安を大きくするだけです。**「個人を集団に近づける（障害を治療する）」や「集団を個人に近づける（環境が発達障害に合わせればよい）」といった個人と社会のどちらか片方に著しくバランスを欠いた考え方には要注意**です。

ポイント④「お説教」から距離をとる

思想的なものだけでなく、極端な子育て論も同様です。まず発達障害の特性を保護者の責任とする考え方からは距離をとってください。目の前の子どもの実態を知ろうとせずに自分の子育て論や経験を振りかざす「私のやり方と違う＝よくない」という説教系子育て論も要注意です。欲しいのは説教でも自慢話でもなく、目の前の子どもの実態に合致した具体的な提案ですよね。

逆に、いくつか提案があり、その後で「試してみてどうだった？」とフォローがある助言者は大事にしましょう。ひとりとして同じ症状の人はいません。**誰かにとって**

のライフハックは別の誰かにとっては環境を悪くする可能性もあるわけです。素晴らしい経験も一人ひとりの実態に合わせて活かす姿勢がなければ単なる自慢話にすぎません。

そこを考えて、「この子ならこう工夫してみるといいのでは」と一緒に考えてくれる仲間を増やしておきましょう。専門家（専門職支援者）の上手な選び方にも通じる観点です。「なぜその助言がうちの子どもにあっていると思ったのか？」と根拠を聞くと、真っ当な支援者や心ある助言者なら根拠を説明し、納得できる回答をするべく努力するものです。

ポイント⑤子育てに絶対もなければ親の育て方がすべてでもない

発達障害の支援や、子育て、教育方法で、いわゆる「必勝法」はありません。これをやれば「絶対発達が伸びる」と保証されたものもありません。これまで述べてきたように、そもそも発達障害でも一人ひとり多様であるだけでなく、置かれた環境もひとりとしてまったく同じはないからです。

そのため、同じ方法を試しても同じ結果が得られるということはありません。

マルトリートメントということばは1980年代ごろからアメリカで用いられるようになりました。これが「不適切な養育」と訳されるようになり最近、日本でも注目されるようになっています。一番のマルトリートメントは、養育者自身が子育ての絶対に囚われ、自分自身にさまざまな制約をかけていっぱいいっぱいになってしまうところから始まる、と私は思います。

また、そもそも親の育て方が子どもの将来をすべて決めるわけでもありません。昨今の育児書では「親はこうあるべき」というものが数多く存在していますよね。これは養育者が一方的に子どもに対して影響を及ぼす、と仮定してのものになります。もちろん養育者の子育て観は子どもに多大な影響を及ぼしますが、逆に保護者の子育て観も目の前の子どもの育ちから影響を受けているということが明らかになっています。

親も子どもも一人の人なんです。一方的に誰かが誰かに影響を及ぼすということはありません。

また、子どもを取り巻く環境は必ずしも家庭だけではないということも改めて意識しておく必要があります。

養育者の精神健康がよろしくないと子どもに与える影響もよろしくありません。地域のリソースは徹底的に利用しましょう。地域によっては専門職支援者とのつながりを持つことが難しいところもあると思いますが、できる限りチャンネルは多く、かつバランスよく持っておきたいものです。養育者同士の横のつながりも重要です（もちろん自分にストレスがかかるものは外す）。

理想論であることは百も承知ですが、子どもの実態に応じた工夫をしてくれる人、将来に向けた方向性を一緒に考えてくれる人を確保することが望ましいでしょう。

伝えることば・伝わることばの基本

すでに第４章までで特性に応じたコミュニケーションのとり方についても触れてきました。第５章では発達障害の特性がある子どもだけでなく、広く子どもと楽しくやりとりを成立させるために必要な伝えることば・伝わることばの基本を考えておきたいと思います。

コミュニケーションは子ども一人では成立しません。また子どもの主体性を尊重することと、すべて子どものやりたいようにさせておくことは似て非なるものです。やりたいようにやらせておくいわゆる放置プレイには、コミュニケーションの原則である相互作用がありません。お互いにとって相手の意図やことばの意味が無理なく理解しやすい環境とは何かを考えていきたいと思います。

「ダメなことはダメ」はどうやったら伝わる？

よく発達障害の子どもには「怒ってはいけない」「怒ると叱るは違う」といったことを聞きますが、これは誤解が大きいところです。「子どものすべてを受け入れてやりたいようにさせる」と考えているなら大きな間違いです。「何を言われているのかわからない状況で感情的に怒っても本人にも保護者にも何のメリットもない」が正確です。「ダメ」なことは「ダメ」ですし、「本人にわかるように」伝える必要があります。

ただ、皆さんも考えてみてください。何を言われているのかわからないところで厳しいことばが降ってくると、本当にどうしたらよいかわからず、ストレスだけがたまりますよね？

「×」を伝える際には、できる限り目で見てわかるように「○」を伝えることを心がけましょう。**「椅子の上に立つな！」ではなく「椅子に座ります！」**であり、いつまで座るのか見てわかるように伝えて、さらにそのあと何があるのかも見せておくと完璧ですね。

特に発達特性のある子どもたちは正直です。「この大人は自分にとってわかる手立てを用意してくれている」とわかると、その大人に対する注目は上がります。罰で子どもをコントロールするのはもってのほかですし、そもそもできません。「自分にわかるように伝えてくれる大人」かどうかを子どもは見極めます。

大人であれば「わからない」ということをことばにして相手に伝えることもできるかもしれませんが（それも相手と状況によりますが）、子どもは「わからない」ということを上手に伝えるスキルを持っていませんし、ときに自分のわからないという状態に気づくのが難しいことを念頭においておきましょう。

大人社会であればこういうボタンの掛け違いとその放置は喧嘩になったり、立場によってはハラスメントにまで進展することもあるかもしれません。要は徹底的に説明することが必要です。実際に１３０ページ「ことばを字義通りに解釈する」で例に挙げた高校生が外来に来たときには、「これで伝わるはず」の誤解を丁寧に埋めるように対応しました。

ステップは、次の通りです。

①物語文の読み解きにおいて登場人物の心情が表記されている箇所がどこに該当するのか、その表記の特徴がどこにあるのかを本人と一緒に確認する。特に設問の言い回しと対応する本文の該当箇所の選択のスキルを確認する。
②物語文の登場人物の心情理解に努めるのではなく、お話の展開のフォーマットを知識として学習する。
③この方法で、１００点は難しいが前より5点多く点数を積み重ねることはできることを確認しておく。

私が伝えたこの方略を実践して、本人と効果を確認できました。

①②で本人の特性に応じた新たな学習方略を提案（わざわざ登場人物の心情を典型発達と同様な方法で理解しなくとも結果として同じ効果を得ることができる）し、かつ③のように本人が安心できるようにその方略の見通し（効果と限界）を前もって伝えておく、といったものです。

大事な点は「高校の先生が言いたかった行間を読もうねっていうことはこういうことなんだよ、だから理解してあげてね」と本人の特性を無視して「一般的」とされるやり方を強要するのではなく、本人の特性に応じてできることは何かを探していくことにあるわけです。

この事例から読み解けるほかの大事なこととしては、「一度にすべてのことを解決する」「100点を取らないといけない」といった減点主義から離れて、前に比べてこれができるようになったと考える「加点主義」へと切り替えていくことも挙げられます。

やりとりが滞るディスコミュニケーションの大本

発達障害の特性や知的な発達の遅れがあると、「これで伝わるはず」という伝える側の憶測と誤解が起きることが多く、大人と子どものディスコミュニケーションの原因になります。片方（この場合は大人）は「相手（子ども）はイメージできているはず！」と思いつつ、片方（この場合は子ども）は充分にイメージできていないまま厳しいことばだけが降ってくる状況です。

この誤解をできる限り避けるために、「目の前の子どもは私が話そうとした内容と同じものに注意を向けている、目の前の子どもは私のことばを私の意図通り理解しているはず」、という幻想からまず離れることが大事です。もしかすると目の前の子どもは私と違うことを見ている「かも」しれない、もしかすると目の前の子どもは私のことばの意味を取り違える「かも」しれない、という前提に立っておきましょう。

目の前の状況を確認し、その後の対処法とリンクさせた声かけ、そして「**それぞれの子どもの理解力の7掛けでわかる声かけ**」を心がけて、強いことばで子どもの行動を制御するのではなく「(一人ひとりの発達段階に応じた)伝わる・わかることばかけに基づく共通理解のうえでのルールの構築」が大事です。

次のようなポイントに留意しましょう。

①大事な物事ほど、簡単にわかりやすく話す(余計な情報を加えない)。
②その場の流れ(いわゆる文脈)を逃さない。
③具体的に(目で見てわかるように)望ましい行動を示す。

例えば「お外に出るときに帽子をかぶってほしい」ことを伝えたいのであれば(繰り返し述べたことではありますが)、お外に出るタイミングを見計らって(②)、「今日はお外がとっても暑いから、お外に出るときは帽子をかぶりましょうね」と言うのではなく、本人が外に注意が向いたタイミングで外を示して次いで帽子を見せて(③)、靴を履く前に「帽子をかぶります」とだけ短く言い(①)、自分もやってみせてから手渡せばよいわけです。

このポイント３点は、障害の有無にかかわらず気をつけておきたいところです。

「褒めること」の真意と重要性

「子どもを叱ってはいけない」はよく聞きますが、「子どもを褒めましょう」、これもよく聞きますよね。もちろん褒めることは大事でその点に異論はありません。ただ「よい褒め方って何？」と聞かれたときに、皆さんならどう答えますか？「相手の目を見て褒める」「何がよかったのか（そのプロセス）を褒める」……人によっていろいろ違いがありそうですよね。

相手の目を見る、は「相手は自分と同じように視線の持っている意味を理解しているはず！」という前提に立ちますから、自閉症スペクトラム障害（ＡＳＤ）の特性がある場合はそのまま当てはめられないかもしれません。プロセスを褒める、前向きに言語化するというのも、「こちらのことばを正しく理解し意図を読み取れる」ことが前提になるため、発達に遅れのある子どもに対して適切とは言い難くなります。

褒める際に（注意する際も）気をつけておきたいのが、こちらの意図していないものに子どもが反応している可能性があることです。

例えば、子どもの困った行動に対して「ダメでしょ！」と伝えても、逆に繰り返す、といった事例を考えてみましょう。親としては「（その困った行動を）やめて！」の意図があったとしても、「あ、親が相手をしてくれた！」と、親からの叱責を子どもがご褒美と捉えたら行動は増えてしまいます。

上手な褒め方だったかどうかは、褒めた行動（増えてほしい行動）が褒めた後に確実に増えている（逆にやめてほしい行動の場合はきちんと減っている）かどうか、に尽きます。

ときどき、「この子は注意しても逆に（こちらが）嫌がることを好んでする」「褒めてもまったくこちらの言うことを聞いてくれない」といったことがあります。前者は別にこちらの感情を逆なでしようとしてやっているわけでも、おちょくろうとしているわけでもありません。子どもの意図と大人の意図が掛け違っているわけです。

後者については、おそらく子どもは「褒められた」と感じていないのでしょう。感情論云々ではなく、褒める前後でどの行動が増えたか（あるいは減ったか）で判断しましょう。

不安の強い子どもの中には、少し難しい場面や自信のない場面での自分の行動後に積極的に「褒めて」と要求が出る場合があります。この場合の「褒めて」は「これでいい?」というコミュニケーション行動であり、コミュニケーションの受け手である大人は「より丁寧に正解(子どもがとるべき行動)をわかるように見せておく必要がある」と理解する必要があります。

忖度をさせないコミュニケーション

「わかるように伝える」ことは決して難しいわけではありません。ただ、それを意識しながらやりとりすることは意外と難しいものです。そのうえで意識しておくべき3つの観点を述べます。

その1、まず「人は自分と同じように理解できているはず」という前提を取り除きましょう。「相手は自分の意図通りにことばを理解してくれない(だからこそ伝わるように意識する)」を子どもとのやりとりの前提としましょう。

その2、コミュニケーション場面の仕分け、です。やりとりに必然性があるもの（自分の生活に直結）、子どもにとって興味関心の高いもの、やりとりで使用されることばや場面の経験があるもの、などはコミュニケーションが安定しやすく、かつ本人の不安も低くなります。

絶対に本人が知っておくべき情報（段階1）、知っておくとメリットがある情報（段階2）、できれば知ってほしい情報（段階3）、と3段階に情報を分けて、絶対に知っておくべき情報は本人のことばの理解の上限から半分程度の力で無理なく処理できるようにこちらが提案する必要があります。

その3として、**全力を発揮しなくてもわかるコミュニケーション環境**です。大事な情報（先ほどの段階1）ほど本人にとって「わかる」媒体で伝えないといけません。車の運転に例えると、標識の意味は絶対知っておくべき情報（段階1）ですね。誰もがわかるシンボルでわかりやすく示されていることに意味があるわけです。

よく「この子は口で言ったらわかるので（口頭で注意します）」といった発言を聞きますが、常に最大限の理解力を発揮させ続けていると本人は疲れてしまいます。すでに「理解力の7掛け」と書きましたが、段階1であれば半分程度（できればそれ以下）の力でも無理なく処理できる形で情報が示される必要があります。保育園であれば、好きな活動がいつ終わるのか、次に何があるのか、といった情報は段階1に相当します。

一人ひとりの生活の場面ごとに段階1から段階3まで情報を色分けすることができると思います。それぞれの場面でのやりとりを念頭において、どの段階に相当するのかを事前に考えておくとよいです。

ことばの発達に関する検査結果の活かし方

少し乱暴ですが、例えば発達検査により、言語理解に関する項目で「3歳相当」という結果が出たとします。

単に結果に一喜一憂するのではなく、この結果は「この子に確実に（誤解なく）伝える際には3歳の児童が問題なく理解できる方法で伝える」ことを言っていると理解しましょう（これは3歳として扱えというわけではありません）。実年齢が3歳より上の場合、その子に降ってくる声かけは理解のレベルを超えることも想定されるので、「誤解する場合がある」と、やりとりする大人側が備えておくことを示唆するものです。

私はよく保育園や小学校でことばとコミュニケーションに課題を抱える児童のスーパーバイズを担当しますが、その際に子どもの実態について質問すると「(こちらの言っていることは) わかっていると思う」といった回答が返ってくることも少なくありません。

確かに、子どもはわかっているのかもしれません。ただし、持っている力を総動員してようやく理解ができる、という段階と、少しことばを聞くだけで意味を頭の中に思い浮かべることができる、という段階は同じではありません。こちらが伝えるべきもの (伝えないといけない内容) ほど、より少ないコストで理解ができる状況を作っておきましょう。

刺激は多ければ多いほどよいわけではない

コミュニケーションとは人とテーマを共有して、言語・非言語のさまざまな手段を用いてやりとりをすることですが、人のしぐさに注意を向ける、共有している話題に注意を向ける、人が発したことばや表情に注意を向けて理解する、といったそれぞれのプロセスで「認知資源」を消費するのはすでに説明した通りです。頭も体と同様に疲れるのです。やりとりを楽しむためには認知資源を節約することが大事です。

同時に複数のものに注意を向けなくてよい環境を作りましょう。やりとりの際にはできる限り注意を振り分ける対象が少ない状況を作りつつ、いま何がやりとりの中心なのか注意が必然的に注意が向きやすい環境を用意しましょう。子どもは大人がまったく予期せぬ刺激に反応していることもあります（無意識に反応したものでも認知資源は消費してしまいます）。

子どもを振り向かせ、注意を向けさせることが上手な先生は沈黙（要は間）の使い方が上手な先生が多い、と言ったりします。余計な刺激はできる限り減らしていく必要があります。上手なやりとりのためには大人側が、常に子どもの注目先を確認し、複数のものに注意を分散させないやりとりの状況を作ることです。

まずは大人側の余計な行動や反応を減らしましょう。子どもが無反応であったり、理解できていない（こちらが判断した）ときについ声かけが増える傾向にありますが、よかれと思って大人が降らせた多くのことばが子どもを惑わせて逆効果になることもあるわけです。

子どもの発達を育む視点

子どものよりよい発達を促すためには、**「できないこと」を探すより「何ができるか」を探す視点**を大事にしてください。さらに**「できる・できない」のゼロイチ思考ではなく、どう援助を与えればできるようになるのか、それができるようになることでその子どもの生活がどう豊かになるのかという視点**を持っておきましょう。

例えば「この子どもは3歳になって二語文が話せない。1歳くらいことばが遅れている」といった親の発言を考えてみましょう。これは典型的な発達からの差に注目した「できないこと」の視点ですよね。

その一方で「この子どもは話しことば（単語）と指さしを使って自分の要求を周りの大人に伝えることができる」と表現することもできるかもしれません。こちらは「何ができるか」の視点です。

この視点に立てば「実際に指さしと話しことば（単語）を使って二語文レベルの要求をしているのはどんな場面だろう」とコミュニケーション場面に考えがいき、例えばおもちゃを選ぶ場面での要求の手段を「おかわりちょうだいの場面でも使ってみよう」と、できることを生活の中で拡大してその子自身の生活を豊かにできます。

養育者は誰しも子どものよい発達を願っていると思います。その心配が養育者の視点をついつい「（同じ年代の子どもに比べて）この子はこれができない……」という「できないこと」に向かわせがちですが、子どもは知的発達の遅れがあろうと発達障害の特性があろうと一人ひとりその子の歩みで全員発達していきます。よりよい発達を引き出すためには一人ひとりの発達経過に沿った働きかけが重要です。

乳幼児期から幼児期初期の声かけ

声かけというと子どもが「話せる」ようになってからの話に思えますが、1歳ごろの始語より前から、「どれだけ理解ができているか」と「コミュニケーションの基盤がどの程度育っているか」が大事です。

でも、どうやって理解を確認すればいいのか。子どもに質問もできないし、コミュニケーションの基盤もイメージしにくいかもしれません。

「どれくらいわかっているか」から順に説明していきますね。発話がない子どもの理解も子どもの活動を観察することで確認することができます。またそこに、ことばを育てるヒントが隠れているわけです。

まず、**「もの」に対してどのようにアプローチしているか**です。

例えば靴を見て足を出そうとする様子がうかがえれば、「履くもの」という理解ができていると判断することができます。脱いだ服を脱衣かごに入れようとする、ごみをごみ箱に入れようとする、といった行動も大事なポイントです。電話のおもちゃを持ったときに口の中に入れようとする子どももいれば、耳に当てようとする子どももいるでしょう。当然後者は「電話を知っている」となるわけです。

生後7か月を超えて椅子に座ることができるようになると両手が自由になり、自分で操作できるものも増えていきます。実際にこの「わかる」「使える」「知っている」

がことばの基盤になります。

家庭でことばを育てるうえで大事なポイントの1つは「(イメージできない)ことばのシャワーを降り注ぐ」ことではなく、子どもが「面白い!」と思って注目し、そのうえで操作して「知っている」「使える」と実感できるものを増やすことにあります。

また、**子どもが「イベント」に対してどのようにアプローチしているかも、理解を見極めるポイント**です。ルーチンのイベントとイレギュラーなイベントに分けて考えてみましょう。まず、ルーチンのイベントにはご飯を食べる、お風呂に入る、保育園に行く(微妙ですが)、といったものが該当します。

ここでは「ご飯を食べる」を例として取り上げてみましょう。「ご飯食べるよ」のこちらからの声かけで行動の見通しが持てる子どももいれば、「ご飯食べるよ」という声かけの前に「この状況だとそろそろご飯だろう」と予測をして待つことができる子どももいれば、「ご飯食べるよ」と声がかかって、目の前でご飯の準備ができている様子を見てそこで「あ、いまからご飯を食べるんだ」と気づく子どももいます。

この子どもの反応を観察すれば、どの段階で行動の予測ができているか、あたりをつけることができますね。イベントに対するアプローチから「状況やその変化に関する理解」を見ているわけです。

次に、イレギュラーなイベントについて。

例えば「車に乗って外にお買い物に行くよ」という状況に、どの段階で対応ができるか、も理解力を反映します。

毎日あるイベントに比べて急に行動が切り替わるので予測はこちらの方が難しいです。「いまから車に乗ってお買い物に行くよ」という声かけだけで理解ができて反応ができる子どももいれば、「いまから車に乗ってお買い物に行くよ」という声かけに合わせて、車の鍵を子どもに見せて、かつ玄関に意識を向けさせることではじめて「あ、いまからお外に出るんだ」と理解ができる子どももいます。

この段階で子どものことばの理解を育てていく（状況の理解を育てていく）ためには、大人が「子どもにとってわかりやすい人であること」が望まれます。

これは決して難しいことではありません。予告もなく急に子どもの活動を制止したり（もちろん生命に関わるような事態なら話は別です）、相手の予測を裏切るような急な活動や行動の切り替えを強いたりするような場面をできる限り減らしていけばよいのです。子どもから見て「この人は何を考えているのかわかりにくい……」といった状況を少なくしましょう。

もちろんこれは子どもに好き勝手させるわけではありません。少し意識するだけでいいんです。例えば保護者と子どもで外出をする際に、声かけをしながらいきなり手を引っ張る人であるのか、まず「外に出るよ」と声かけをしたうえで、本人に（外出のための）靴を見せて、玄関を意識させてから子どもと手をつないで外に出ようとする人であるのか。もちろん後者を推奨しています。

ざっくりとまとめると、「唐突な行動を避けて、活動が変わる際にはタメを作って（そのときに）本人がイメージしやすい目で見てわかるものを手がかりとしてその気にさせる」ことが重要です。その気にさせている間に子どもは頭の中で次の活動をイメージできるようになっていくわけです。この活動や行動の見通しをつけていくことは、単に状況の理解を促進するだけではなくコミュニケーション面にも大きな影響を与えます。

すでに述べましたが、子どもはわかりやすく次の活動や行動の手がかりを与える大人（の行動）に対して、しっかりと注意を向けるようになります。その注目が視線や表情などの非言語的なコミュニケーション手段の理解を促す土台となるわけです。さらに、その人に対する基本的な信頼関係があるからこそ「（その人の行動を）期待して待つ」といったこともできるようになります。

コミュニケーションの基礎を育てる

この時期の子どものコミュニケーションは「教える」ものではなく実感するものです。特に話しことば以外のちょっとしたしぐさや行動（視線や発声や身振り）が自分以外の他者を動かす力を持っていることを、日常生活を通じて体験し実感することが重要です。できる限りさまざまな活動や「遊び」を通じて幅広く、楽しく気づくことがよりよいコミュニケーションスキルの土台を作ります。

発達障害特性があったり、知的発達に遅れがあったりすると、この「気づき」が育まれず、やりとりの場面が周りの大人の都合で流れてしまうことがよくあります。できれば、意図的に「気づく」ための関わりなども仕掛けていきます。

よく私が行う遊びの1つを紹介します。絵本『いないいないばああそび』を用いて最初は楽しく「いないいないばあ！」とやる（手の部分をめくると顔が出てくる仕掛けになっています）のですが、何枚かめくったところで「いないいない……」でしばらく止めます。

そこで子どもが、「あれ？ どうしたのかな」と絵本に向けていた視線を私の方に向けて絵本と私の顔を見比べる、といった行動が出たタイミングで、少々大げさに「ばあ！」とやるわけです。

子どもはタメを作った分、大きな声で笑ってくれることが多いのですが、狙いは「あ！ 僕が大人の顔を見たから『ばあ』って反応してくれたんだ」と、子どもに活動を通じて視線が持っているコミュニケーション上の役割に気づいてもらうことにあります。

この時期には、話しことばにこだわりすぎないことも

きむらゆういち
『いないいないばああそび』（偕成社）

大事です。その前にまず、

①「わかっていること、わかって動けていること」を1つでも多く増やすこと
②周りの環境を本人の特性に応じて負担の少ないものとすること
③子どもとの関係性を第一にやりとりの基礎（特に非言語的なやりとり）を学ぶこと

に注力しましょう。

「1歳台になると単語を話し始めます。出てこない場合は専門機関に相談しましょう」といったテンプレートな育児書が散見されますが、私は同意しません。子どものおしゃべりが「ゆっくりしているのかな？」と感じたときは、まず子どもの行動をよく観察し「どれだけ理解ができているのか」、そこから子どもの生活を俯瞰することが大事です。

視線は教えるもの？

自閉症スペクトラム障害の特徴として「視線が合わない」といったことが挙げられますが、そもそも「相手の目を見て話すこと」も典型発達の大部分の大人の常識にすぎません。視線の持っているコミュニケーション上の役割を本人にわかるように伝えるのが先です。

本人がその必然性やその意味をわかっていないのに単に「相手の目を見なさい」だと、本人は「よくわからないものに注目するの？　なんでやねん」となりますよね。発達障害特性の有無にかかわらず意味のないもの（意味を感じていないもの）を注目し続けるのは、人の特性上そもそも困難です。逆に自分にとって必要なところではASD特性のある子どももちゃんと視線を合わせてくれます。

実際にコミュニケーションのセラピーでも、視線を意識しやすい状況と視線に注目すると子どもにとってメリットがある文脈を作って、子ども自身に視線の役割に「気づかせる」ような遊びをよくやります。

視線の役割を典型発達と同様に理解することを目的とする必要は一切ありません。本人にとって視線もコミュニケーション手段として使えることに気づければいいのです。本人にとって「視線って意外と見ておくと得するな」という状況を1つでも多く作っておくことが大事です。

確かに、やりとりの際に相手が自分の目をじっと見てくれると、話しているこちら側が伝わったという実感が持ちやすいのは事実です。しかしながら、身も蓋もない言い方になるかもしれませんが、（この年代の子どもであれば）しっかり大人の方を見ているからといって同じ理解を共有している保証はどこにもありません。

特性を無視してしつけと称して「相手の目を見て話しなさい！」といった声かけをされる方もいますが、まったく効果的ではありません。そもそも相手の目を見て話さないのは、相手を拒絶しているわけでも嫌っているわけでもないからです。

幼児期にかけて子どものことばを育てるにあたって

第2章で述べたように、1歳半ごろには「ものに名前がある」のと同じように動作にも名前があること、さらに2歳半ごろには状態にも名前があることを学んでいきます。知的な発達に遅れがある場合、それ相応に理解語彙も「狭く」なります。よく「語彙力」ということばで集約されますが、知っていることばの数というよりは、知っていることばの意味の広がりが「狭い」と考えてください。

この時期のことを育児書では「なぜなぜ期」などと書いていることも多いようです。およそよちよち歩きを始めた1歳台では50語程度であった知っていることばも2歳3歳と過ぎていくころには１０００に到達するとされています。

いわば頭の中の辞書の土台を育てていく段階が「なぜなぜ期」に該当します。頭の中の辞書は知的な発達の程度と関連します。頭の中の辞書が整理されていると、新たなことばを書き足していくのも容易になります。

「ことばがわかる」とは、ことばとそれが指し示すものが「同じ」と本人がわかること（専門用語で刺激等価性の成立といいます）です。同じものでもさまざまな言い方（話しことばを含めた記号）があるのと同じように、１つのことばに多くの意味が結びつきます。

つまり同じことばでも、何度でもことば（記号）と意味の学習が成立していきます。子ども同士でも同じことばに対して同じ意味を思い浮かべているかというとそうでもなく、個人の経験に左右されます。トイプードルを飼っている子どもの「わんわん」（犬の幼児語）とシェパードを飼っている子どもの「わんわん」は少し違うわけです。

頭の中の辞書を整理していく段階では大人と同じことばを使っていても、ことばの指す意味が少々違う可能性があることを私たちは考えておかないといけません。じゃあ実際にこの段階で子どものことばを育てていくためにはどうすればいいか。まず、子ども自身の興味関心が頭の中の辞書を育てていく背景にあります。

保護者の「きっとこの時期の子どもはこれが好きなはず！」よりも目の前の子どもの好きなもの、その子が興味を持ったものを掘り下げる視点に立ちましょう。一般的な育児書と近い形の回答になってしまうかもしれませんが、**子どもの興味関心を育てるのではなく、子どもの興味関心が向いたものをしっかりと言語化していくこと**が大事です。

さらに興味を育てるためには、

①やってみせる＝どんな面白さやお得さがあるのかを示す
②子どもがイメージしやすい声かけに徹する

ことが大事です。

「大人が使うことばで幼児のうちから話しかけましょう」といった育児書もありますが、ことばを育てるには（特に知的な遅れや発達障害の特性がある子どもにとっては）「その子どもがイメージできることばを使うこと」が、どうしても大事です。

先ほど述べたように、1つのことばの学習は1回こっきりで終わりではなく、繰り返し行われます。子どもにとってわかりやすいことばから順に学習を成立させていくことが重要です。このプロセスが子どもの頭の中の辞書を整理していくことにもつながります。

子どもが犬を指さして「わんわん」と言っていたときには、「『わんわん』じゃないでしょ、『犬』でしょ」ではなく「そう『わんわん』。犬だね」で充分です。同じ意味を持つほんの少しイメージしにくい別のことば（この場合は「犬」）を一緒に伝えることで「なるほど『わんわん』と『犬』は同じ意味か」と、やんわりと学習を促していくことが得策です。

学習を成立させるうえで一番大事なのは「自然な文脈」です。この例でいうと、子どもが「わんわん」と指さしたときに、それを肯定したうえで自然に「犬」ということばも伝えているわけです。ことばはとってつけたように切り出して教えるものではありません。

発達障害の特性や知的な遅れがある子どものコミュニケーション

療育を担当していたころに幼児期（小学校に入るまで）にコミュニケーションスキルとして何ができればその子どもにとって生活が楽しいものになるか、ということをよく考えていました。もちろんいろいろな考え方があると思いますが、この3点はできると（その子にとって）よいと思うものを挙げてみたいと思います。

①自分のやりたいこと・欲しいものを周りの人にも受け入れてもらえる、かつその子の理解力にマッチした方法でやりたいと伝えることができる（いわゆる要求）
②自分がやりたくないこと・拒否したいことを周りの人にも受け入れてもらえる、かつその子の理解力にマッチした方法で「嫌だ」「やりたくない」と伝えることができる（いわゆる拒否）
③いまから目の前で何が行われるのかをその子の理解力で問題なくわかる方法で知ることができる（知るための手段を身につけておくことができる）

この3点です。
順に、意識すべきこと、配慮すべきことを話していきたいと思います。

子どもの同じ行動も、理由がいつも同じとは限らない

前提となる、子どもの行動を理解するために必要な事柄を押さえておきたいと思います。

子どもの行動は本人が意図する・しないにかかわらず何らかの形でコミュニケーション上の役割を持っています。例えば「部屋から飛び出す子ども」を例に考えてみましょう。保育園などで「子どもが部屋から飛び出す」とき、皆さんはどういった「理由」を考えますか。

「部屋の中で（誰かから）何か嫌なことをされたから」
「部屋の外に自分の遊びたいおもちゃがあったから」
「いまから自分にとって嫌な活動が始まりそうになったから」
「部屋から飛び出すと先生が自分を追いかけてきてくれるから」

さまざまな理由が考えられますよね。目に見える行動は「部屋から飛び出す」ですが「嫌なことがあった、嫌な活動が始まりそうだ＝飛び出す」であれば飛び出す行為は場面からの逃避の役割、「遊びたいおもちゃがある＝飛び出す」であれば要求（ものの役割、「部屋から飛び出すと先生が追いかけてくれる＝飛び出す」であれば要求（注目・人）の役割を担っているわけです。

同じ行動でも持っている役割が全然違う可能性があるのです。ここ、大事です。

よく子ども自身に「どうしてそんなことするの」と聞く場合があります。決してその行為自体を否定するわけではありませんが、あまり効果的ではないと思います。特に発達に遅れがあると上手に状況を説明することそのものが難しいですし、そもそも幼児期において自分の心情を適切かつ客観的に言語化できている、と仮定するのは無理があります。

話した内容が大人にとって都合のよい（予測がつく）ものであればその通り大人は理解しようとしますし、そもそも行動を起こす理由が1つであるわけではありません（例えば、嫌なことがあって最初飛び出したが、それで先生に構ってもらえることを学習したからその次からは構ってほしくて飛び出している）。

コミュニケーション場面ではできる限り失敗させないという鉄則

ではどのようにコミュニケーション環境を工夫していくのかというと、本人にとって嫌な人・もの・活動があってその場から逃避しているのであれば、それに対してアプローチします。これは単純に嫌なものを取り除いて本人に快適な環境を作るということではありません。

まず、なぜ嫌なのかを考えます。発達障害特性のある子どもの場合、経験のないことや予想に反した行動を求められるときに拒否を示す場合が少なくありません。自分にとって「できるという見通しが持てない」状況だと思ってください。

こういった状況では「ほら頑張れ」「やってみたらできるよ！」「ほらできたじゃないか」と子ども自身に積極的に試行錯誤させることが大事だという人もいますが、発達障害特性のある子どもの場合は嫌な気持ちだけが残ってしまい、より一層活動に対して拒否を示すことも少なくありません。

できれば安心安全な状況を確保したうえで（例えばクラスのみんなでやる前に信頼できる大人と一対一で）、**大人が実際に目で見てわかるようにやってみせたり、さらに一緒にやってみて楽しさをともに味わう手順が必要**になります。**コミュニケーション場面はできる限り失敗させないことが鉄則**だと思ってください。

これは決して甘やかしているわけではなく、安心安全にできる環境から少しずつ自分ひとりでできるもの、できるパートを増やしていくというわけです。

また、大人の働きかけ（声かけ）が難しくて理解できていない場合もあります。当然その場合でも拒否を示すことがあります。

何か子どもに対して活動を促すような働きかけをしたのに子どもが反応しない、あるいは拒否を示すような場合、まず大人は「自分の言っていることが難しかったかな」と考え、子どもにとってよりわかりやすいことばに置き換えて、できれば実物を用いるなど、わかりやすく伝える配慮をやってみることです。

ただ我慢ではなく、見通しを持たせること

「遊びたいおもちゃが別にある」といった要求（もの）の場合であれば、状況によって異なりますが、まずいま求めている活動の面白さを高めていきましょう（言い換えればいまやっていることが面白くないからほかに走る）。その努力をしたうえで遊びたいおもちゃがいつであれば使えるのかを特性に応じた形で本人にわかるように示す対応を考えます。

たせるわけです。

「いまはこれをやる時間じゃない！」ではなく「いつなら使えるのか」の見通しを持「先生の注意を引きたい」といった要求（注目・人）も同様に「このやり方だと先生は相手しないよ」だけでなく「この方法なら、このタイミングなら相手することができるよ」をあわせて教えます。あわせて教えることが大事なんです。

一方的に我慢をさせると行動がどんどん飛躍する可能性があります。「我慢することを教えることが大事だ」という子育ての信条をお持ちの方もいるかと思います。「我慢することの大切さ」を本当に教えたいのであれば「どこまで我慢すればよいのか（ご褒美がもらえるのか）」を伝えることを大事にしてください。

結構この加減は難しいです。大人が我慢してほしいタイミングをいきなり課すのではなく、その半分、いやそれ以下のレベルから始めてください。「20分待ったら」であれば最初は「5分」くらいの印象です。遠すぎる目標はないのと同じです。特に注意欠如・多動性障害（ＡＤＨＤ）の子どもに対してはこの配慮はマストです。

「大人と子どもの根比べですね。仕事をしてワンオペで家事をしながらそこまで相手できません」と感じる方もいるかもしれません。

このご指摘には返すことばがありませんが、そういったときは淡々と対応しましょう。にっこり笑って子どもを追いかけて「もう○○くん、そんなところに出ちゃダメじゃないの！　ほらおいで」（それを聞いて子どもはにっこり笑う）ではなく「いまはお部屋に戻ります」と表情も変えず淡々とつれて帰るんです。

もちろん、一緒に遊べるよというときは数十倍のギャップを効かせて楽しく子どもと遊びましょう。

自分の要求や拒否を妥当な方法で相手に伝える手

自分の要求を相手に上手に伝えるスキルを身につけること、これが重要であることには誰も異論はないと思います。「上手に」というのは「話しことば」に限定されるものではありません。相手に意図が正しく伝わり、当初の目標が達成できればよいわけです。コミュニケーション手段は子どもの理解力に合わせて選びましょう。

ＡＳＤのコミュニケーション手段の特徴に「クレーン（現象）」があります。

大人に対して何かしてほしいと要求する際に、視線の持つコミュニケーション上の役割に気づいている子どもは、要求する大人に視線を向けて大人が反応するのを期待して待ちますが、その前の段階では大人の手を子どもが持って何かしてほしいものまでその手を持っていこうとします。この行動をクレーンといいます。要求のコミュニケーション手段の1つです。

典型発達の乳幼児でも見られる行動なのですが、大人とのやりとりが上手になると典型発達の子どもでは観察されることが稀になります。ASD特性のある児童では、幼児期にも確認されることが多くあります。

ASDの特性を反映した行動をよろしくないと止めるのではなく、「クレーンであれば物的な要求を人に伝えることができる」と考えて活用しましょう。大人と交わって「伝わった」という実感が子どもの「もっと伝えよう」という気持ちを育てます。

例えば自分の好きなおもちゃを取ってほしいときにクレーンで要求をすることができるのであれば、一人遊びでおもちゃを触っていてうまくいかずイライラしているときに大人がそっと手を出してあえてクレーンを引き出すというのもアリです。クレーンで要求を伝える、身振りを使って要求を伝える（例えば「ちょうだい」と手を出す）、こういった行動の積み重ねから、いずれことばで要求を伝えることもできるようになります。

もう1つのポイントは、それぞれの場面に応じた手段の選択とやりとり場面の必然性の担保です。要求する手段は1つに限りません。典型的な発達を示した大人でも、相手やその内容によって要求を伝える方法は変えますよね。すぐに要求を満たしたいときほどより簡単な方法で伝えます。話しことばや書きことばによる要求はより細かい内容を相手に伝える部分でそのメリットを発揮します。

ものすごくおなかがすいたときにおかわりを要求する際、視線で要求を満たしてくれる大人を見たうえで身振りで「ちょうだい」とすれば充分であり、そこで大人があえて「何が欲しいの？　ことばで言わないとわからない」としつける必要はありません。

場面の担保に関しては、例えばことばの遅れがあってやりとりが充分にできないと思っていた子どもが「身振りで要求ができる」ようになると、周りの大人もついつい嬉しくなって文脈を無視した「要求のための要求」を作ることがあります（子どもが要求するのを見たいがために大人が無理やり要求場面を作る）。嬉しいのはわかりますが、これは子どもにとっては混乱のもとです。

ヘルプサインの重要性

自分の要求を相手に伝える場面は、何か欲しいとき、何かしたいときに限ったものではありません。幼児期に学んでおくと子どもの生活を拡大するコミュニケーションに、本書でもすでに登場していますが、「ヘルプサイン」があります。これは自分自身が困ったときに上手に第三者の助けを求めるコミュニケーションスキルになります。いわゆる「助けて」「手伝って」といったものです。

コミュニケーション支援においても積極的にこのような場面を取り入れます。知的な発達に遅れがあると活動や行動を頭の中で組み立てていくことは苦手になりますし、ASDの特性があれば自分ひとりでできると実感できないことには（たとえそのものに興味があっても）なかなか手が出せません。そこで重要になるのが「手伝って」というコミュニケーション手段ということになります。

拒否は苦手

自分にとって不利益のあること、やりたくないことを上手に拒否するコミュニケーション手段は障害の有無にかかわらずコミュニケーションが苦手な人にとってはなかなかの難題です。拒否のコミュニケーションは要求のコミュニケーションの裏返しでもあるわけですから自分の要求を上手に伝えられない段階の子どもが拒否のコミュニケーション手段を上手に使えるかというとかなり難しそうです（獲得の順序性）。

周りの大人が、本人が「嫌だ」「困っている」というサインが何か観察し、それを見逃さないようにしていきましょう。知的障害や発達障害特性のある子どもの場合、好き嫌いのレベルではなく生理的に受け付けないような状況、かなりストレスフルな状況においても、拒否を上手に示すことができない場合があることを、まず大人が理解しておきましょう。

子どもが「ニコニコ笑っているから機嫌がいい」というのも本当は、どうしていいかわからないから笑うしかない、かもしれませんよ。つまり「パニック」です。大人にわかるような拒否の反応を示さないからとその行動を続けさせてしまい、その結果大きなパニックに、といったこともないわけではありません。絵に描いたようなストレスフルな反応だけを想定していてはいけません。

予告の重要性とそのやり方

養育者の方の中には「写真カードや絵カードを使って次の活動や行動を示さないといけないのか」と負担に対して身構えたり、「うちの子どもは口で言ったらわかるから」と周りと違うやり方に拒否感を示したりする方も少なくありません。

配慮を持った伝え方は、相手が発達障害だからではないんです。例えばその日、保育園や幼稚園でどんなイベントがあるのか、前もってわかっていれば、子どもたちはワクワクしながらそのイベントに期待し、参加することができますよね。そのための活動や行動の予告なんです。

発達障害や知的障害の有無にかかわらず活動に主体的に参加するための仕掛けが

「目で見てわかる予告（見通し）」なわけです。目で見てわかることの最大の利点は「頭の中で思い描いて、とどめておく必要がない」ことにあります。話しことばは目の前にとどまり続けることはできません。内容が難しければ「右から左に抜けていく」といった状況もあるでしょう。

目で見てわかる予告は、決して難しいことではありません。車でお出かけする前に車のキーを見せて「お外に行くよ」と声かけをする。保育園のカバンを見せて「保育園に行くよ」と声かけをする。お風呂からあがったときの着替えを手に持たせてお風呂へ誘導する。こういった日常生活での積み重ねです。

特に好きな活動をやめないといけない状況、あまり好みではない活動に参加しないといけない状況では丁寧に予告をしましょう。予告をすることで「ああ、これやるんだ」「もう終わりなんだ」と構えを作っていくわけです。例えばお外遊びを楽しんでいるところでそろそろ食事のために部屋に戻らないといけない状況を考えてみましょう。

「部屋の中に入りなさい」とただ単純に声をかけるだけなのと、「あと5分で部屋で食事です」と前もって予告するのでは、全然違います。さらに予告時に食事のグッズを見せておく、1分前にも予告し、10秒前からカウントダウンする、とまでやると完璧です。

2段階目の予告で身構えて3段階目のカウントダウンで逃げていく子もいるかもしれません。それでいいんです。その子は予告の内容を理解できているわけですから。逃げていく子に対しては、「お部屋に入ります。いまから食事です」ときっちりと伝えてお部屋に誘導すればよいわけです。

観念してしぶしぶ付き合ってくれる子どももいれば、それでも嫌だと逃げ出す子どももいるかもしれません。それでも、ただいきなり「部屋に入りなさい」と言われて手を引っ張られる場合と、予告のあった場合とでは、子どもが納得してくれるまでの時間が明らかに変わってくるでしょう。

予告をすることは子どもを大人の意図通りに動かす手段ではありません。予告の有無にかかわらずやりたいことをやり続けたいというのは子どもらしい反応ですから。わかっていればそこで「もうちょっと遊ばせて」といったコミュニケーション上の楽しい駆け引きもできます。ただし、この駆け引きは1回までとしておきましょう。最も大切なことは、子どもが事態がのみ込めていないまま行動を変えさせられるという状況を少しでも減らすことです。「構え」ができていないまま急に行動を変えろと言われるのは結構ストレスフルな状況なんです。

とはいえ、日常生活の中で急な予定の変更はあります。できる限り急な変更の場面は減らしていこう、変更があった際には丁寧に予告をしよう、という意識を持っておきましょう。「丁寧に」とは「具体的に」です。できる限り抽象的な表現を使わないというのがポイントです。

「ちょっと待ってね」ではなく「10数える間待ってね」「この曲が鳴り終わるまで待ってね」などと、終わりが見えることが大事です。135ページでも紹介しましたが、「ちょっと待って!」はできなくても電子レンジのカウントダウンは待てる場合が少なくありません。

これは「なるほど、10秒待てと言ってカウントダウンすれば子どもは待てるのか」という話ではありません。

電子レンジでは終わりが目で見てわかる（数字が減っていく）、終わると音がする（終わりが明確）、さらに終わったら美味しいものが待っている。この終わりとご褒美が明確な環境があるからこそ、待つことの意味を子どもに認識してもらうことができるわけです。子どもにとってのわかりやすいコミュニケーション環境とは何か、このエピソードからぜひ考えてみてください。

予告の役割を整理する

予告の役割について、ここで少しまとめておきたいと思います。予告することの1つ目の役割はこれからある活動や行動の見通し、「**次の行動の見通し**」を持つことです。幼稚園・保育園で年長になるころには、2つ3つ先の行動の見通しも持てるといいです。3つ先の見通しというと難しそうに思いますが、保育園から帰ってきたら①遊んで②ご飯を食べて③お風呂に入って寝る、これで3つです。

少し時間軸が長い明日の見通しも持てるといいですね。カレンダーを活用するのもいいでしょう。一日が終わるとその日に線を引いて、明日の欄にその日の活動をごく簡単な絵、シール、ことばで示しておくのもよいかと思います。

予告の2つ目の役割は活動の全体像をイメージして「僕もできる」と思える「**できるイメージを持つための見通し**」を持つことです。3つ目の役割は「**活動の終わりの見通し**」を持つことです。目の前の活動がいつ終わるのか活動を開始する段階からある程度意識ができるといいですね。

備えあれば憂いなし——特性に寄り添うとは？

自閉症スペクトラム障害の特性のある子どもとのコミュニケーションにおける大事なポイントの1つが、できる限りの例外事象を事前に想定しておくことです。「相手の予想外の応答でゲームに誘えなくなり固まってしまった」子どもの事例を思い出してください。我々大人は「OKもいいよも同じじゃん」と思うかもしれません。しかし、子どもはそうした微妙な違いに引っかかってしまうわけです。

ではこれにどう対応するかというと、一つひとつその場で新たに「OKといいよは同じ意味」といった等価学習を成立させましょう。小さな差異も見逃さずに、細かく学習して潰していくくらいの構えが望ましいです。

最後に、養育者の心を守るために

もう何度も書いてきたようにも思いますが、最後に改めてお伝えしたいことがあります。

「発達障害は親のしつけや育て方の問題？」

答えはもちろん「ノー」です。発達障害の「特性そのもの」が親のしつけや育て方の問題で生じるわけではありません。

よく保護者の方から「私の与えた食事が偏っていたから……」「小さいときに発熱に気づかなかったから……」「あのときベッドから落ちたのが……」（発達障害につながったのではないか）といった相談を受けることがあります。

もちろん事例によって異なりますが、**乳児期・幼児期からの関わりやエピソードは発達障害の根本的な原因とは関係ないことがほとんど**と考えてください。

環境要因が発達障害の直接的なきっかけとして関わるのは、極めて限定的で極端な環境に限られています。

これまでの保護者の方の一生懸命な関わりを振り返って原因を探そうとするのは根拠に乏しく、生産的とは言えません。過去を考えることに力を注ぐのではなく、これからどうするのかに考える力を尽くしていきましょう。

人は誰でも不安なことがあればその原因を探したくなる衝動にかられますし、「何らかの答え」を出すことで前を向くきっかけになるのかもしれません。

しかし、答えは絶対に出ません。そのときは頭の中で納得したとしても、不安は繰り返し襲ってきます。その不安に対していろんな人が食い込もうとします。養育者の方がこの答えの出ない自問のスパイラルに陥っている状況自体が、子どもにとって望ましくない環境であるとお考えください。

人生の節目。例えば高校生になって、あるいは大学生になって、社会人になってといった段階で特性が顕在化しやすいのは、その人が身を置く集団の中で求められる能力が以前のものと変わるためです。つまりその人の「困り感」は本人自身の特性、今まで歩んできた道のり、それとその人がいま直面している社会環境によって複合的に作り出されるものです。

例えば小学生や中学生のときに「問題がなかった」ことはその後の新たな人生の局面での安定（「困り感」がない状態）を保障するわけではなく、その人の置かれた状況によっては特性が一気に影響することもあります。

一部の人たちは親が変われば子どもが変わる、発達障害特性も親の影響が大きい、という趣旨の発言を強硬に繰り返しています。養育者が子どもにとって最大の理解者であることが望ましいことは言うまでもありませんが、本書で話してきたようにその人が持つ「社会的障壁」（日常生活での実際の「困り感」）を少しでも改善するためには特定の何かだけを責めても決して本質的な解決に至らないことは言うまでもありません。

著者略歴
川﨑聡大（かわさき・あきひろ）

立命館大学教授。博士（医学）。公認心理師、言語聴覚士、臨床発達心理士。岡山大学卒業、兵庫教育大学大学院修士課程修了。療育センターで言語コミュニケーション指導にかかわった後、大学病院で言語・心理臨床に携わり2006年岡山大学大学院医歯学総合研究科で博士課程を修了し、博士（医学）取得。岡山大学病院では発達障害から成人の高次脳機能障害の方の臨床に広く携わる。その後、富山大学、東北大学を経て2023年より現職。専門は言語聴覚障害学全般、神経心理学、ことばの発達に遅れがある子どもの指導。大学教員、研究者でありながら医療や療育の現場出身であることを活かし、発達神経心理や脳科学、特別支援教育を主に広く発信を続ける。

SB新書　668

発《はっ》達《たつ》障《しょう》害《がい》の子《こ》どもに伝《つた》わることば

2024年10月15日　初版第1刷発行
2025年 3 月15日　初版第3刷発行

著　　者　川﨑聡大《かわさきあきひろ》
発 行 者　出井貴完
発 行 所　SBクリエイティブ株式会社
〒105-0001　東京都港区虎ノ門2-2-1
装　　丁　杉山健太郎
コラム執筆　水内豊和、荻布優子、黒田美保、森口佑介（掲載順）
本文デザイン DTP　株式会社ローヤル企画
校　　正　有限会社あかえんぴつ
編　　集　北 堅太（SBクリエイティブ）
印刷・製本　中央精版印刷株式会社

本書をお読みになったご意見・ご感想を下記URL、
または左記QRコードよりお寄せください。
https://isbn2.sbcr.jp/23371/

落丁本、乱丁本は小社営業部にてお取り替えいたします。定価はカバーに記載されております。
本書の内容に関するご質問等は、小社学芸書籍編集部まで必ず書面にて
ご連絡いただきますようお願いいたします。

ISBN　978-4-8156-2337-1